# 港口客运(滚装、渡船渡口)码头企业安全生产标准化建设指南

交通运输部天津水运工程科学研究院　编著

人民交通出版社

## 内 容 提 要

本书以交通运输部制定的《港口客运(滚装、渡船渡口)码头企业安全生产达标考评指标》为基础,结合港口企业的安全生产管理模式,以及国家安全生产法律、法规的具体要求,对考评指标的条款进行了解析。本书通过全面介绍考评指标的考核要点,对考核要点的详细解析,进一步提出了相关港口企业在安全生产标准化建设工作中应关注的重点。

本书可为港口企业安全生产标准化体系建设提供引导,也可作为相关院校、研究人员的参考资料。

**图书在版编目(CIP)数据**

港口客运(滚装、渡船渡口)码头企业安全生产标准化建设指南/交通运输部天津水运工程科学研究院编著.—北京:人民交通出版社,2012.12

ISBN 978-7-114-10258-5

Ⅰ.①港… Ⅱ.①交… Ⅲ.①港口企业—企业管理—安全生产—标准化管理—指南②码头—企业管理—安全生产—标准化管理—指南 Ⅳ.①U698.5-62

中国版本图书馆 CIP 数据核字(2012)第 312503 号

**书　　名**:**港口客运(滚装、渡船渡口)码头企业安全生产标准化建设指南**
**著 作 者**:交通运输部天津水运工程科学研究院
**责任编辑**:尤晓時　黎小东
**出版发行**:人民交通出版社
**地　　址**:(100011)北京市朝阳区安定门外外馆斜街 3 号
**网　　址**:http://www.ccpress.com.cn
**销售电话**:(010)59757973
**总 经 销**:人民交通出版社发行部
**经　　销**:各地新华书店
**印　　刷**:北京交通印务实业公司
**开　　本**:787×1092　1/16
**印　　张**:11
**字　　数**:200 千
**版　　次**:2012 年 12 月　第 1 版
**印　　次**:2012 年 12 月　第 1 次印刷
**书　　号**:ISBN 978-7-114-10258-5
**定　　价**:42.00 元

# 《港口客运(滚装、渡船渡口)码头企业安全生产标准化建设指南》编审委员会

**主　　审:** 张华勤

**主　　编:** 詹水芬

**副 主 编:** 何　琪　黄　晨

**参编人员:** (按姓氏笔画排序)

刘　艳　何　志　张爱利　李　凯　李俊峰

杨宝清　罗序高　姜幼学　赵伟浩　夏国良

徐凤霞　徐　明　钱雷丹　董　飚　霍俊丽

# 主要编写单位

**主编单位:** 交通运输部天津水运工程科学研究院

**参编单位:** 天津市交通运输和港口管理局

天津东方泰瑞科技有限公司

# 前　言

2011 年 6 月，交通运输部为了贯彻落实《国务院关于进一步加强企业安全生产工作的通知》精神和《国务院安委会关于深入开展企业安全生产标准化建设的指导意见》的总体要求，全面推进交通运输企业安全生产标准化建设工作，制定下发了《交通运输企业安全生产标准化建设实施方案》（以下简称《方案》）。《方案》中明确规定方案的实施范围为：具有独立法人资格，具体从事公路水路运输、城市客运和公路水运工程施工等生产经营建设活动的交通运输企业。工作目标为：从事客运、危险化学品和烟花爆竹等重点运输企业在 2013 年底前达标，其他交通运输企业在 2015 年前达标。

2012 年 4 月至 6 月，交通运输部接连下发了《关于印发交通运输企业安全生产标准化考评管理办法和达标考评指标的通知》和《关于印发交通运输企业安全生产标准化相关实施办法的通知》，文中明确了各类交通运输企业安全生产标准化达标考评指标、考评发证实施办法、考评机构和考评员管理实施办法，为港口企业开展安全生产标准化建设工作提供了支撑和指导。

《交通运输企业安全生产标准化达标考评指标》中将港口企业分为三大类，分别是：港口客运（滚装、渡船渡口）码头企业、港口普通货物码头企业和港口危险货物码头企业。因此，作为港口企业的管理者，开展安全生产标准化建设迫在眉睫。但是如何把握企业自身安全生产管理的特点，如何将安全生产标准化体系建设与本企业的经营现状相结合，如何提出针对性、可行性的标准化体系建设计划和建设方案成为了众多企业管理者的难题。

本书编审委员会结合多年的安全生产标准化研究和大量的相关行业安全生产标准化考评的工作实践，从安全生产法律、法规符合性的角度对《港口客运（滚装、渡船渡口）码头企业安全生产达标考评指标》进行了深度解析，将相关的考评指标分解和细化成具体要求，使读者能够将安全生产标准化建设与日常安全生产管理工作有机结合，找出安全生产标准化建设中的薄弱环节，以便有针对性地开展相关建设工作。本书的核心内容及特点如下：

一、本书对《港口客运（滚装、渡船渡口）码头企业安全生产达标考评指标》的十六项考评内容作了逐一解析，范围涵盖了其安全生产标准化体系建设中的所有要素。

二、每一章均依据相关的国家法律、法规条文对每一项考评内容的具体考评要点进行了分解和解析，将原先只有“一两句话”的考评要点分解成具体的安全生产工作要求，并对相关安全生产工作的法律、法规符合性要求进行了具体描述。

三、在对考评要点进行分解和解析的基础上,结合编委会成员的实践经验和部分国内先进港口企业的实际情况,提出了相应的安全生产标准化工作思路及关注的重点。

四、将每一章中依据的相关的法律、法规名称分别罗列,为读者的深入研究和参考对照提供便捷。

近年来,党和国家越来越重视安全生产工作,交通运输部一直高度重视安全生产工作,坚决贯彻党和国家关于安全生产一系列决策部署。本书是为了配合交通运输部指导和推动全国交通运输企业安全生产标准化建设工作而编写,也是交通运输部天津水运工程科学研究院"港口企业安全生产标准化体系研究"专项课题的研究成果之一。由于作者水平有限,难免有不完善或错误之处,敬请专家、读者指正。

**编审委员会**

**2012 年 12 月**

# 目　录

# 1 概　论

## 1.1 安全生产标准化

### 1.1.1 安全生产标准化的定义和作用

安全生产标准化是指通过建立安全生产责任制，制定安全管理制度和操作规程，排查治理隐患和监控重大危险源，建立预防机制，规范生产行为，使各生产环节符合有关安全生产法律法规和标准规范的要求，人、机、物、环境处于良好的生产状态，并持续改进，不断加强企业安全生产规范化建设。

开展安全生产标准化工作的作用主要体现在以下五个方面：

1）落实企业主体责任、规范安全生产工作的必要途径

国家有关安全生产法律法规和规定明确要求，要严格企业安全管理，全面开展安全达标。企业是安全生产的责任主体，也是安全生产标准化建设的主体，要通过加强企业每个岗位和环节的安全生产标准化建设，充分调动企业及其主要负责人在内的全体人员的积极性和主动性，使其自觉承担安全生产管理的各项工作和相应的责任，不断提高安全管理水平，促进企业安全生产主体责任落实到位。只有进一步明确了安全生产工作干什么和怎么干的问题，才能够更好地引导企业落实主体责任，建立安全生产长效机制，持续改进提高安全管理水平。

2）体现安全管理先进思想、提升企业安全管理水平的重要方法

安全生产标准化是在传统的质量标准化基础上，根据我国有关法律法规要求、企业生产工艺特点和中国人文社会特性，借鉴国外现代先进安全管理思想，强化风险管理，注重过程控制，做到持续改进，比传统的质量标准化具有更先进的理念和方法，比引进的职业安全健康管理体系有更具体的实际内容，形成了一套系统的、规范的、科学的安全管理体系，是现代安全管理思想和科学方法的中国化，有利于形成和促进企业安全文化建设，促进安全管理水平的不断提升。

3）强化企业安全生产基础工作的长效制度

安全生产标准化建设涵盖了增强人员安全素质、提高装备设施水平、改善作业环境、强化岗位责任落实等各个方面，是一项长期的、基础性的系统工程，有利于全面促进企业提高安全生产保障水平搞好安全生产的基础保障、提高企业本质安全水平的有效途径。

4) 有效预防控制风险、防范事故发生的重要手段

开展安全生产标准化工作是有效防范事故发生的重要手段。深入开展安全生产标准化建设,能够进一步规范从业人员的安全行为,提高机械化和信息化水平,提升设备设施的本质安全程度,促进现场各类隐患的排查治理,推进安全生产长效机制建设,有效防范和坚决遏制事故发生,促进全国安全生产状况持续稳定好转。

5) 政府实施安全生产分类指导、分级监管的重要依据

实施安全生产标准化建设考评,要求企业对安全生产标准化工作进行自主评定和申请外部评审定级,将企业划分为不同等级,能够客观真实地反映出各地区企业安全生产状况和不同安全生产水平的企业数量,为加强安全监管提供有效的基础数据。

### 1.1.2 港口企业安全生产标准化达标标准出台背景

国务院 2004 年 1 月 9 日颁发了《关于进一步加强安全生产工作的决定》(国发〔2004〕2 号)把安全质量标准化作为加强安全生产工作的一项重要基础性工作。同年 5 月,国家安全生产监督管理总局下发《关于开展安全质量标准化活动的指导意见》。之后,于 2010 年国务院颁发了《国务院关于进一步加强企业安全生产工作的通知》(国发〔2010〕23 号),文中明确指出:"深入开展岗位达标、专业达标和企业达标为内容的安全生产标准化建设。"2011 年,国务院安全生产委员会颁发《国务院安委会关于深入开展企业安全生产标准化建设的指导意见》(安委〔2011〕4 号),文中指出,深入开展企业安全生产标准化建设的目标任务为:"在工矿商贸和交通运输行业(领域)深入开展安全生产标准化建设,重点突出煤矿、非煤矿山、交通运输、建筑施工、危险化学品、烟花爆竹、民用爆炸物品、冶金等行业(领域)。"

2011 年 6 月 29 日,交通运输部为了贯彻落实《国务院关于进一步加强企业安全生产工作的通知》精神和《国务院安委会关于深入开展企业安全生产标准化建设的指导意见》的总体要求,全面推进交通运输企业安全生产标准化建设工作,制定下发了《交通运输企业安全生产标准化建设实施方案》。方案中明确规定方案的实施范围为:具有独立法人资格,具体从事公路水路运输、城市客运和公路水运工程施工等生产经营建设活动的交通运输企业。工作目标为:从事客运、危险化学品和烟花爆竹等重点运输企业在 2013 年底前达标,其他交通运输企业在 2015 年前达标。

2012 年 4 月 23 日和 6 月 12 日,交通运输部分别下发了《关于印发交通运输企业安全生产标准化考评管理办法和达标考评指标的通知》和《关于印发交通运输企业安全生产标准化相关实施办法的通知》,文中明确了各类港口企业安全生产标准化达标考评指标、考评发证实施办法、考评机构和考评员管理实施办法,为港口企业开展安全生产标准化建设工作提供了支撑和指导。

### 1.1.3 港口企业推行安全生产标准化建设的意义

港口企业开展安全生产标准化建设，就是用科学的方法和手段，提高人的安全意识，创造人的安全环境，规范人的安全行为，使人、机、环境达到最佳统一，从而实现最大限度地防止和减少伤亡事故的目的。安全生产标准化建设的核心是人——企业的每个员工。因此，它涉及的面很广，既涉及人的思想，又涉及人的行为，还涉及人所从事的工作的环境，所管理的机械设备、物体材料等方面的内容。开展安全生产标准化工作，要遵循“安全第一、预防为主、综合治理”的方针，以隐患排查治理为基础，提高安全生产水平，减少事故发生，保障人身安全健康，保证生产经营活动的顺利进行。

开展安全生产标准化工作，要采用“策划、实施、检查、改进”动态循环的模式，结合自身的特点，建立并保持安全生产标准化系统；通过自我检查、自我纠正和自我完善，建立安全绩效持续改进的安全生产长效机制。

## 1.2 客运(滚装、渡船渡口)码头的安全生产工作特点

客运(渡船)码头属人员密集场所，各种突发公共事件可能造成人员伤亡，导致较严重后果。邮轮码头的核心业务是旅客水上交通与陆路交通之间的相互转换。水上交通方面来往于港口的主要是客运班轮或客运滚装船；陆路交通方面来往于港口的车辆包括旅客大巴及接送旅客出租车、社会车辆、内部车辆等。由于进出客运码头候船厅和停车场的人员、车辆流量较大，时间相对集中，有可能存在车流与人流之间的相互交叉、对车流及人流的管理混乱等现象，易引起进出港旅客伤亡及车辆损坏的交通事故发生。当发生火灾、爆炸等意外事故时，车辆、人员若不能及时疏散转移，易造成旅客群死群伤的事故发生。此外，若上下船旅客组织引导不力，易造成人员拥挤、混乱，发生人员践踏事故或落水淹溺等事故。

## 1.3 港口企业开展安全生产标准化建设的工作步骤

港口企业开展安全生产标准化建设的工作步骤，应结合企业实际情况，参照下列程序组织实施：

(1)各类人员分层次进行培训，理解和掌握达标考评指标的要求和内涵。

(2)依据达标考评指标的规定，结合企业实际，做好职能分解。

(3)成立考评领导小组，提供人力、物资保障。

(4)全面开展排查，摸清企业安全现状。

(5)在查清企业安全现状的基础上，确认目标，即确定建立安全生产标准化的达标等级目标。

(6)依据确认的目标,针对排查的问题,确定整改计划;计划中要有目标指标、措施、资金、责任单位(人)、时间进度等内容。

(7)加强领导,落实并实施整改计划,确保目标的实现。

(8)成立考评小组,提供资源保障,做好自评准备。

(9)企业自评,编写自评报告。

(10)向复评机构申请复评。

## 1.4 港口企业安全生产标准化考评的工作程序

交通运输企业安全生产标准化达标等级分为一级、二级、三级。交通运输部主管全国交通运输企业安全生产标准化工作,并负责一级达标企业的考评工作。省级交通运输主管部门负责本管辖范围内交通运输企业安全生产标准化工作和二、三级达标企业的考评工作。长江航务管理局、珠江航务管理局分别负责长江干线、西江干线跨省航运企业安全生产标准化工作和二、三级达标企业的考评工作。以上部门和单位统称为主管机关。新组建企业应于正式运营6个月内提出初次考评申请。

交通运输企业安全生产标准化考评包括初次考评、换证考评和附加考评三种形式。考评的基本程序如下:

(1)申请达标等级的交通运输企业应对照《交通运输企业安全生产标准化达标考评指标》进行自评,逐项给出自评分值,形成自评报告,并通过交通运输企业安全生产标准化管理信息系统向相应的主管机关提出考评申请。

(2)主管机关收到企业申请后确定考评机构受理考评。考评机构应组织3名以上(含3名)具有相应资质的考评人员成立考评组,制定具体考评计划,告知企业后实施。考评机构应在接到申请后25个工作日内完成对企业的考评。考评组实施考评可采取提问、交谈、查阅文件和记录、现场检查与抽查等方式。若有必要,可以进行现场检测与测量。

(3)企业对考评机构提出的整改意见,1个月内能按要求整改到位的,经考评机构核实后,可视为达到考评要求。企业对考评结论存有异议的,可向同级主管机关、直至上级主管机关提出复核申请。主管机关应及时组织复核。

(4)考评组考评工作结束后,应向考评机构提交考评报告,考评机构收到考评组的考评报告并按程序审查后,向主管机关提交考评结论及达标等级意见。

(5)主管机关收到考评机构提交的考评结论后,应对企业拟达标的等级进行公示(公示期7天),公示期间没有实名举报的,应向企业颁发安全生产标准化达标等级证书,并向社会公布。

(6)获得安全生产达标等级证书的企业每年应进行自评,并在次年1月底前将年度自评报告报发证主管机关。企业安全生产标准化达标证书有效期为3年,应在有效期届满之日前3个月内提出换证考评申请。

## 1.5 客运(滚装、渡船渡口)码头安全生产达标考评指标简介

客运(滚装、渡船)码头安全生产达标考评指标由16个要素组成。

1) 安全目标

"安全目标"考评的内容包括安全工作方针与目标、中长期规划、年度计划和目标考核4个考核项目,包含7个考核要点,分值共计35分。其中三级必备条件1项,二级必备条件1项。

2) 管理机构和人员

"管理机构和人员"考评的内容包括安全管理机构和管理人员配备2个考核项目,包含4个考核要点,分值共计40分。其中三级必备条件1项,二级必备条件1项。

3) 安全责任体系

"安全责任体系"考评的内容包括健全责任制和责任制考核2个考核项目,包含6个考核要点,分值共计45分。其中三级必备条件1项,二级必备条件2项。

4) 法规和安全管理制度

"法规和安全管理制度"考评的内容包括资质、法规、安全管理制度、岗位安全生产操作规程和制度执行及档案管理5个考核项目,包含12个考核要点,分值共计70分。其中三级必备条件2项。

5) 安全投入

"安全投入"考评的内容包括资金投入和费用管理2个考核项目,包含5个考核要点,分值共计45分。其中三级必备条件1项,二级必备条件2项。

6) 装备设施

"装备设施"考评的内容包括设施、设备和电气安全管理3个考核项目,包括11个考核要点,分值共计115分。其中三级必备条件3项,一级必备条件1项。

7) 科技创新与信息化

"科技创新与信息化"考评的内容包括科技创新及应用和科技信息化2个考核项目,包括6个考核要点,分值共计55分。

8) 队伍建设

"队伍建设"考评的内容包括培训计划、宣传教育、管理人员、从业人员培训和规范档案5个考核项目,包括9个考核要点,分值共计90分。其中三级必备条件1项,二级必备条件1项。

9) 作业管理

“作业管理”考评的内容包括现场作业管理、安全值班、相关方管理、三品堵查、进出港管理、站务管理和警示标志 7 个考核项目,包括 21 个考核要点,分值共计 160 分。其中三级必备条件 5 项,二级必备条件 1 项。

10) 危险源辨识与风险控制

“危险源辨识与风险控制”考评的内容包括危险源辨识和风险控制 2 个考核项目,包括 5 个考核要点,分值共计 45 分。其中二级必备条件 1 项。

11) 隐患排查与治理

“隐患排查与治理”考评的内容包括隐患排查和隐患治理 2 个考核项目,包括 8 个考核要点,分值共计 65 分。其中三级必备条件 1 项,二级必备条件 1 项。

12) 职业健康

“职业健康”考评的内容包括健康管理、工伤保险、危害告知、环境与条件 4 个考核项目,包括 5 个考核要点,分值共计 25 分。

13) 安全文化

“安全文化”考评的内容包括安全环境和安全行为 2 个考核项目,包括 7 个考核要点,分值共计 30 分。其中一级必备条件 1 项。

14) 应急救援

“应急救援”考评的内容包括预案制定、预案实施、应急队伍、应急装备和应急演练 5 个考核项目,包括 13 个考核要点,分值共计 85 分。其中三级必备条件 3 项,二级必备条件 1 项,一级必备条件 1 项。

15) 事故报告调查处理

“事故报告调查处理”考评的内容包括事故报告和事故处理 2 个考核项目,包括 7 个考核要点,分值共计 50 分。其中三级必备条件 1 项,一级必备条件 1 项。

16) 绩效考核与持续改进

“绩效考核与持续改进”考评的内容包括绩效评定、持续改进和安全管理体系建设 3 个考核项目,包括 3 个考核要点,分值共计 35 分。其中一级必备条件 1 项。

港口客运(滚装、渡船渡口)码头企业安全生产达标考评指标详见附录。

# 2 安全目标

## 2.1 安全工作方针与目标

### 2.1.1 考核要点

交通运输部制定的《港口客运(滚装、渡船渡口)码头企业安全生产达标考评指标》中规定,第一大要素“安全目标”的第一个考核要点“安全工作方针与目标”按照以下内容进行考核:

(1)制定企业安全生产方针、目标和不低于上级有关部门下达的安全考核指标;

(2)制定实现安全工作方针与目标的措施。

### 2.1.2 考核要点解析

1)*考核要点分解*

为方便企业充分认识该考核内容的内涵,有针对性地开展相关标准化建设工作,依据国家相关法律法规、标准规范、规章制度对上述考核内容进行分解,主要包括以下两个方面:

(1)企业应制定企业安全生产方针

企业应制定以“安全第一、预防为主、综合治理”为基础的符合企业实际的具体方针,并及时完善;制定不低于上级有关部门下达的安全考核指标的方针和目标。同时,企业所制定的实现安全生产工作的安全生产目标,可分为安全生产工作目标和控制指标两项。

(2)企业应制定为实现安全工作方针与目标的各项安全措施

企业应制定各项安全管理制度,配备安全防护设备,编制事故应急预案及应急措施,确保人员的安全培训和安全投人的落实考核与奖惩等。

2)*内容及要求*

《中华人民共和国安全生产法》明确指出,安全生产管理坚持安全第一、预防为主的方针。《国务院关于进一步加强企业安全生产工作的通知》(国发〔2010〕23 号)的总体要求中作了这样的阐述:深入贯彻落实科学发展观,坚持以人为本,牢固树立安全发展的理念,切实转变经济发展方式,调整产业结构,提高经济发展的质量和效益,把经济发展建立在安全生产有可靠保障的基础上;坚持‘安全第一、预防为主、综合治理’的方针,全面加强企业安全管理,健全规章制度,完善安全标准,提高企业技术水平,夯实安全生产基础。

这就首先要求各企业及主管部门的行政领导同志,以及各级工会,都要十分重视安全生产,采取一切可能的措施保障劳动者的安全,努力防止事故的发生。对安全生产绝对不应抱有粗心大意、漫不经心的态度。当生产任务与安全发生矛盾时,应先解决安全问题,使生产在确保安全的前提下顺利进行。

其次要求企业防微杜渐,防患于未然,把事故和职业危害消灭在发生之前。伤亡事故和职业危害不同于其他事情,一旦发生往往很难挽回,或者根本无法挽回。到那时,“安全第一”也就成了一句空话。

因此,港口各级有关部门和企业、事业单位都要做到有计划地改善劳动条件,在经济发展和生产建设规划以及设备更新、技术改造、经济承包等重大经济决策中,应执行国家关于劳动安全卫生的规定。

为了贯彻这一方针,《中华人民共和国劳动法》规定:“用人单位必须建立、健全劳动安全卫生制度,严格执行国家劳动安全卫生规程和标准,对劳动者进行劳动安全卫生教育,防止劳动过程中的事故,减少职业危害。”“劳动安全卫生设施必须符合国家规定的标准。”“新建、改建、扩建工程的劳动安全卫生设施必须与主体工程同时设计、同时施工、同时投入生产和使用。”“用人单位必须为劳动者提供符合国家规定的劳动安全卫生条件和必要的劳动防护用品,对从事有职业危害作业的劳动者应定期进行健康检查。”“从事特种作业的劳动者必须经过专门培训并取得特种作业资格。”

交通运输部《关于加强交通运输企业安全生产绩效考核的指导意见》(交安监发〔2010〕432 号)中要求:“以科学发展观为指导,坚持安全第一、预防为主、综合治理的方针,通过全面开展交通运输企业安全生产绩效考核,进一步落实企业安全生产的主体责任,不断提高交通运输企业安全生产水平,为促进交通运输行业转变发展方式、建设现代交通运输业提供可靠的安全发展保障。”

安全生产工作是永远没有完结的,安全生产的方针、政策必须长期坚持。《中华人民共和国安全生产法》明确规定:安全生产管理,坚持安全第一、预防为主的方针。

正确的方针政策是安全生产顺利进行的保证。没有正确的方针,就没有正确的行动。

“安全第一,预防为主”就是要求企事业的领导者要把安全和生产统一起来,抓生产首先要抓安全,尤其是当生产与安全发生矛盾时,生产要服从安全。这就是“安全第一”的含义。

“预防为主”是实现“安全第一”的基础。就是要做到“防微杜渐”,“防患于未然”。要求把安全管理,由过去传统的事故处理型转变为现代的事故预防型,把工作的重点放在预防上。不要等出了事故,产生了职业病才去被动地处理后事,而要把事故消灭在萌芽状态，主动采取措施，防止伤亡和职业病的发生。

因此，企业制定符合自身安全要求的安全工作方针与目标对于抓好安全生产工作是必不可少的，对下一步安全管理工作起着指导性的意义和作用。

### 2.1.3 企业工作思路及关注的重点

企业制定安全工作方针与目标应依据本企业的实际情况进行设定，符合企业的特点和法律法规、标准规范的要求。

首先，企业应依据《中华人民共和国安全生产法》中的基本安全工作方针，补充完善并制定出本企业的安全工作方针。例如某企业制定的安全工作方针为“安全第一、预防为主、综合治理、全员参与、持续改进”。

其次，企业在制定安全工作目标时，也应符合实际和自身管理要求，安全考核和工作目标相互融合。例如，企业可以参考以下安全目标进行目标管理，并结合实际进行补充完善：

(1)死亡事故发生多少。

(2)重伤率年低于多少。

(3)轻伤率月低于多少。

(4)严格执行职业病预防管理制度。

(5)严格执行安全生产防火管理制度，杜绝火灾发生。

(6)严格执行临时用电审批手续。

(7)严格执行劳动防护用品管理标准、制度。

(8)安全隐患整改率达到100%。

(9)特种设备年检合格率100%。

(10)特种作业人员持证上岗率100%。

(11)安全教育培训率100%。

(12)安全设备合格率100%。

(13)“三废”排放符合国家标准。

### 2.1.4 解析依据

(1)《中华人民共和国安全生产法》(中华人民共和国主席令〔2002〕第70号)；

(2)《中华人民共和国劳动法》(中华人民共和国主席令〔1994〕第28号)；

(3)《国务院关于进一步加强企业安全生产工作的通知》(国发〔2010〕23号)；

(4)《安全生产管理知识》(2011版，中国大百科全书出版社)；

(5)《关于加强交通运输企业安全生产绩效考核的指导意见》(交安监发〔2010〕432号)。

## 2.2 中长期规划

### 2.2.1 考核要点

交通运输部制定的《港口客运(滚装、渡船渡口)码头企业安全生产达标标准》中规定,第一大要素"安全目标"的第二个考核要点"中长期规划"按照以下内容进行考核:

制订和实施企业安全生产中长期规划和跨年度专项工作方案。

### 2.2.2 考核要点解析

企业负责制订和实施安全生产中长期生产经营、发展规划和技术改造规划及跨年度专项工作方案,如五年生产经营规划、重大技术改造规划、新工艺推广规划、建设项目设计任务书、引进技术工作规划等。

依据《国务院关于进一步加强企业安全生产工作的通知》的要求,各地区、各有关部门要把安全生产纳入经济社会发展的总体布局,在制定国家、地区发展规划时,要同步明确安全生产目标和专项规划。企业要把安全生产工作的各项要求落实在企业发展和日常工作之中,在制定企业发展规划和年度生产经营计划中要突出安全生产,确保安全投入和各项安全措施到位。

### 2.2.3 企业工作思路及关注的重点

1) 企业的中长期规划

(1)中长期规划是企业在一个时期内改革发展、生产经营的总框架,企业应针对其特点和管理状况,在中长期规划中有职业安全健康的目标指标、措施等内容。

(2)规划要求针对性强,有配套的措施、检查、考核办法,每年应有规划诊断总结。规划中的目标指标要科学合理,尽可能量化,且有认证分析的支撑材料。

(3)具体实施时,企业应注意先搜集整理前期多年内的安全生产检查报告及核查安全生产隐患,作为制定长期规划的参考依据;将安全生产的标准量化到每个生产环节中,从企业自身出发先找到比较重大但不是马上需要整改的安全生产问题(包括安全生产隐患和需要严格控制的危险源等)并作为中期的规划的重点。在解决重大隐患之后,需要进一步明确权责规范管理。在长期发展中保证隐患能及时发现,危险源能够得到有效控制,不安全问题能及时解决,发生事故时损失能降到最低。

同时,企业编制中长期规划时,可参考国家《安全生产"十二五"规划》中指出的:"到2015年,规范的安全生产法治秩序基本形成,安全监管监察与执法能力明显提高,安全生产法规标准体系、技术支撑体系、应急救援体系、培训体系和宣传教育体系进一步完善,企业安全生产主体责任有效落实,生产安全事故和职业病得到有效防范。单位国内生产总值生产安全事故死亡率比2010年下降37%以上,工矿商贸就业人员十万人生产安全事故死亡率比2010年下降20%以上,煤矿百万吨死亡率和道路交通万车死亡率有一定程度下降。"

为达到这一目标,还可以考虑从管理和法律、技术等方面予以解决。重点在于管理,参考法律保障和相关的技术提供。

2)跨年度专项工作方案

主要针对连续两年的定期安全检查报告和整改记录报告等文件资料,进行整理归纳,从中找出最危险的安全隐患和危险源,制定符合本企业特点和实际情况的专项工作计划和措施,归纳总结以往的安全事故教训,避免反复整改、反复发生的安全事故隐患,并将相关的计划和措施归纳建档,形成方案文件,指导安全生产工作。

### 2.2.4 解析依据

(1)《中华人民共和国安全生产法》(中华人民共和国主席令〔2002〕第70号);

(2)《国务院关于进一步加强企业安全生产工作的通知》(国发〔2010〕23号)。

## 2.3 年度计划

### 2.3.1 考核要点

交通运输部制定的《港口客运(滚装、渡船渡口)码头企业安全生产达标考评指标》中规定,第一大要素"安全目标"的第三个考核要点"年度计划"按照以下内容进行考核:

根据中长期规划,制订年度计划和年度专项活动方案,并严格执行。

### 2.3.2 考核要点解析

1)考核要点分解

为方便企业充分认识该考核内容的内涵,有针对性地开展相关标准化建设工作,依据国家相关法律法规、标准规范、规章制度对上述考核内容进行分解,主要包括以下4个方面:

(1)年度计划包括两部分,一部分是企业年度安全生产计划;另一部分是企业职能部门如设备部门、安全部门、生产部门等为实现安全生产目标计划,结合本部门职能展开的工作计划。

(2)企业年度计划中,应建立完整的安全健康目标指标考核体系,以及具体的管理措施和安全技术改造措施,以确保目标指标的实现。年度计划应有规范的文本资料。

(3)年度安全健康目标指标应分解到各码头子公司及相关职能部门,各码头子公司及相关职能部门也应建立相应的措施和对策,确保计划落在实处。同时,每季度应有阶段分析或目标诊断。各码头子公司及相关职能部门应有分解的目标指标和分析诊断的文本资料。

(4)年度专项活动方案应结合年度计划进行专项活动安排,活动方案应包括具体的、有针对性的方案文本记录(如定期安全检查、应急演练、安全教育培训等工作计划)。

2)内容及要求

《国务院关于进一步加强企业安全生产工作的通知》要求制定落实安全生产规划。各地区、各有关部门要把安全生产纳入经济社会发展的总体布局,在制定国家、地区发展规划时,要同步明确安全生产目标和专项规划。企业要把安全生产工作的各项要求落实在企业发展和日常工作之中,在制定企业发展规划和年度生产经营计划中,要突出安全生产,确保安全投入和各项安全措施到位。安全生产年度计划和企业的中长期规划是密不可分的。中长期规划的整体性应与阶段性计划相统一,中长期规划是年度计划的依据,年度计划是中长期规划的实施,二者在职业安全健康方面的内容应是统一的。如果不统一,应有规划或计划的修改报告。

### 2.3.3 企业工作思路及关注的重点

(1)企业应编写年度计划和年度专项活动方案文本归档备查,内容中有考核指标体系和安全措施技术改造项目,且有配套的检查、管理方法。

(2)抽查执行情况,有实施进度和执行情况分析。

### 2.3.4 解析依据

(1)《中华人民共和国安全生产法》(中华人民共和国主席令〔2002〕第70号);

(2)《国务院关于进一步加强企业安全生产工作的通知》(国发〔2010〕23号)。

## 2.4 目标考核

### 2.4.1 考核要点

交通运输部制定的《港口客运(滚装、渡船渡口)码头企业安全生产达标考评指标》中规定,第一大要素"安全目标"的第四个考核要点"目标考核"按照以下内容进行考核:

(1)将安全生产管理指标进行细化和分解,制定阶段性的安全生产控制指标。

(2)制定安全生产目标考核与奖惩办法。

(3)定期考核年度安全生产目标完成情况,并奖惩兑现。

### 2.4.2 考核要点解析

1）考核要点分解

为了方便企业充分认识该考核内容的内涵，有针对性地开展相关标准化建设工作，依据国家相关法律法规、标准规范、规章制度对上述考核要点进行分解，主要包括以下3个方面：

（1）安全生产管理指标的细化、分解和安全生产控制指标的制定

①将安全生产管理指标进行细化和分解。例如分部门、分岗位、分责任人细化分解安全生产管理指标；分阶段、分时间制定安全生产控制指标；

②通过检查考核机制保证各类安全生产控制指标的落实。

（2）安全生产目标考核与奖惩办法

①企业应制定具体可行的安全生产目标考核与奖惩办法；

②形成奖惩台账等书面文本，归档备查。

（3）年度安全生产目标的考核

①定期组织检查组对年度安全生产目标完成情况进行考核，并书面记录考核结果；

②依据考核结果落实考核制度内要求的各项奖惩规定；

③各级被考核的行政部门及时对奖惩兑现情况进行反馈。

2）内容及要求

《国务院关于进一步加强企业安全生产工作的通知》中指出："以煤矿、非煤矿山、交通运输、建筑施工、危险化学品、烟花爆竹、民用爆炸物品、冶金等行业（领域）为重点，全面加强企业安全生产工作。要通过更加严格的目标考核和责任追究，采取更加有效的管理手段和政策措施，集中整治非法违法生产行为，坚决遏制重特大事故发生；要尽快建成完善的国家安全生产应急救援体系，在高危行业强制推行一批安全适用的技术装备和防护设施，最大限度减少事故造成的损失；要建立更加完善的技术标准体系，促进企业安全生产技术装备全面达到国家和行业标准，实现我国安全生产技术水平的提高；要进一步调整产业结构，积极推进重点行业的企业重组和矿产资源开发整合，彻底淘汰安全性能低下、危及安全生产的落后产能；以更加有力的政策引导，形成安全生产长效机制。

强化企业安全生产属地管理。安全生产监管监察部门、负有安全生产监管职责的有关部门和行业管理部门要按职责分工，对当地企业包括中央、省属企业实行严格的安全生产监督检查和管理，组织对企业安全生产状况进行安全标准化分级考核评价，评价结果向社会公开，并向银行业、证券业、保险业、担保业等主管部门通报，作为企业信用评级的重要参考依据。

严格落实安全目标考核。对各地区、各有关部门和企业完成年度生产安全事故控

制指标情况进行严格考核,并建立激励约束机制。加大重特大事故的考核权重,发生特别重大生产安全事故的,要根据情节轻重,追究地市级分管领导或主要领导的责任;后果特别严重、影响特别恶劣的,要按规定追究省部级相关领导的责任。加强安全生产基础工作考核,加快推进安全生产长效机制建设,坚决遏制重特大事故的发生。"

这是企业进行目标考核的重要契机,通过目标考核淘汰落后的管理方式和杜绝安全管理方面的隐患,最终形成安全生产长效机制。

### 2.4.3 企业工作思路及关注的重点

首先,企业应有安全目标责任书文本,各部门和各基层单位的安全目标责任书是根据各部门和各基层单位的实际情况编制的,并且有考核相关的内容。

其次,各级组织制定安全工作规划或计划,以保证安全生产方针和目标的有效完成,按目标责任书考核内容进行考核,不漏项。

总之,重点是通过目标考核得出目标完成情况的量化结果,并采用公告栏、新闻媒体、报纸、卡片、电视、网络等有效形式进行公告,最终达到每个从业人员都清楚企业的安全生产方针和目标,形成安全生产长效机制。

### 2.4.4 解析依据

(1)《中华人民共和国安全生产法》(中华人民共和国主席令〔2002〕第70号);

(2)《国务院关于进一步加强企业安全生产工作的通知》(国发〔2010〕23号)。

## 2.5 术语和定义

1) 安全生产

安全生产是指预防生产过程中发生人身、设备事故,形成良好劳动环境和工作秩序而采取的一系列措施和活动。

2) 规划

规划即为进行比较全面的长远的发展计划,是对未来整体性、长期性、基本性问题的思考、考量和设计未来整套行动方案。

3) 安全生产目标考核

安全生产目标考核是指针对企业制定的阶段性和长远的安全生产目标,依据定期安全检查的结果逐项考核安全生产目标的完成情况。

# 3 管理机构和人员

## 3.1 安全管理机构

### 3.1.1 考核要点

交通运输部制定的《港口客运（滚装、渡船渡口）码头企业安全生产达标考评标准》中规定，第二大要素“管理机构和人员”的第一个考核要点“安全管理机构”按照以下内容进行考核：

（1）**成立安全生产委员会（或领导小组），下属各分支机构分别成立相应的领导机构。安委会职责明确，实行主要领导负责制（二级必备项）。**

（2）**按规定设置与企业规模相适应且独立的安全生产管理机构（三级必备项）。**

（3）定期召开安全生产委员会会议。安全生产管理机构和下属各分支机构每月至少召开一次安全工作例会。

### 3.1.2 考核要点解析

1）*考核要点分解*

为方便企业充分认识该考核内容的内涵，有针对性地开展相关标准化建设工作，依据国家相关法律法规、标准规范、规章制度对上述考核内容进行分解，主要包括以下3个方面：

（1）安全生产委员会或领导小组（安委会）及其职责

①安全生产委员会或领导小组（安委会）应包括所有行政职能部门主管安全的领导；

②建立与所有行政职能部门的主要领导相关的安全生产责任制；建立各部门主要领导签字的安全生产责任书；建立台账。

（2）安全生产管理机构的设置

①安全管理机构应相对独立，有机构编制、有管理职能、有机构管理文件；

②安全管理机构参加企业内各种涉及安全生产的会议和有关决策的确定。

（3）安委会会议

①安全生产管理机构和下属各分支机构每月至少召开一次安全工作例会，做好会议纪要并存档管理；

②会议应解决有关安全生产的重大问题,找出重点安全隐患,落实相关部门的最新安全生产政策要求及时整改完善;做好安全整改反馈工作,并建立台账。

2) 内容及要求

《港口经营管理规定》(交通运输部〔2009〕13号令)中强调,港口经营人应依照有关法律、法规和交通运输部有关港口安全作业的规定,加强安全生产管理,完善安全生产条件,建立健全安全生产责任制等规章制度,确保安全生产。港口经营人应依法制定本单位的危险货物事故应急预案、重大生产安全事故的旅客紧急疏散和救援预案以及预防自然灾害预案,并保障组织实施。港口经营人按照前款规定制定的各项预案应报送港口行政管理部门和港口所在地海事管理机构备案。

《国务院关于进一步加强企业安全生产工作的通知》指出:“加强企业生产技术管理,强化企业技术管理机构的安全职能,按规定配备安全技术人员,切实落实企业负责人安全生产技术管理负责制,强化企业主要技术负责人技术决策和指挥权。”“因安全生产技术问题不解决产生重大隐患的,要对企业主要负责人、主要技术负责人和有关人员给予处罚;发生事故的,依法追究责任。”

《关于加强交通运输企业安全生产绩效考核的指导意见》(交安监发〔2010〕432号)中也提到了交通运输企业安全绩效考核,内容包括:机构设置情况的考核,即交通运输企业按照国家有关法律法规规定,设置安全生产管理机构、配置专兼职安全管理人员。

这些都说明企业的安全机构是企业负责安全生产工作计划、组织、协调、监督、控制必不可少的综合管理职能部门。合理设置安全机构、配备得力的安技人员,并保持相对稳定,是安全管理工作的组织保证。

### 3.1.3 企业工作思路及关注的重点

1) 企业建立安全生产委员会或领导小组(安委会)应注意的问题

(1)企业应建立安全生产委员会,统一协调解决企业中的安全生产问题,企业主要负责人同时是安全生产委员会的主要领导。安全生产委员会应有成员名单、职责和权限、工作制度等内容,且对企业中的重大安全健康问题进行评议、协调和决策。

(2)企业以及各职能部门、各基层公司应有主管安全的负责人,各职能部门、各单位应有专(兼)职安全员,并规定其职责和具体工作内容和程序。其职责应能体现“分级管理,分线负责”的原则,涵盖企业生产经营活动及其他活动的全方位、全过程。

(3)企业、基层公司、班组三级工会在安全生产中能履行监督职能,有相关的活动记录。工会在安全生产方面的监督职责有:

①对建设项目安全设施的监督;

②对生产经营单位违反安全生产法律、法规,侵犯从业人员合法权益的行为的监督;

③发现生产经营单位违章指挥、强令冒险作业或者发现重大事故隐患时，有权提出解决的建议；

④发现危及从业人员生命安全情况时，有权向生产经营单位建议组织从业人员撤离危险场所；

⑤在生产安全事故调查处理方面的监督。

2）企业设置安全生产管理机构应注意的问题

（1）大中型企业必须设置相对独立的安全管理机构，有文件化的机构编制、有管理职能与职责。

（2）安全管理机构的人员应参加企业内各种涉及职业安全健康的会议和有关决策、决定，检查、评价企业内各单位的安全工作，有相对独立的考核权。

（3）企业安全生产管理机构的设置是《中华人民共和国安全生产法》的强制规定，必须严格按照法律法规的要求进行设置。

3）企业组织安委会会议应注意的问题

企业主要负责人应组织安委会定期分析本单位的安全现状，制定或落实重大隐患的整改措施，对安全生产的相关问题作出决策，并每月至少组织一次安委会会议。会议要体现办实事、求实效，及时落实会议精神。

### 3.1.4 解析依据

（1）《中华人民共和国安全生产法》（中华人民共和国主席令〔2002〕第70号）；

（2）《国务院关于进一步加强企业安全生产工作的通知》（国发〔2010〕23号）；

（3）《港口经营管理规定》（交通运输部令〔2009〕13号）；

（4）《交通运输部关于贯彻落实国务院通知精神进一步加强企业安全生产工作的意见》（交安监发〔2010〕394号）；

（5）《关于加强交通运输企业安全生产绩效考核的指导意见》（交安监发〔2010〕432号）。

## 3.2 管理人员配备

### 3.2.1 考核要点

交通运输部制定的《港口客运（滚装、渡船渡口）码头企业安全生产达标考评指标》中规定，第二大要素“管理机构和人员”的第二个考核要点“管理人员配备”按照以下内容进行考核：

**按规定足额配备专职安全生产和应急管理人员（三级必备项）。**

### 3.2.2 考核要点解析

1) 要点分解

为方便企业充分认识该考核内容的内涵,有针对性地开展相关标准化建设工作,依据国家相关法律法规、标准规范、规章制度对上述考核内容进行分解,主要包括以下两个方面:

(1)应根据企业整体员工总数按比例,足额配置一定数量的专职安全生产和应急管理人员。

(2)所配置的专职安全生产和应急管理人员的资格条件合格(包括文化程度、身体状况、年龄结构、思想素质和业务能力等),并经专门培训,取得资格证书。

2) 内容及要求

《中华人民共和国安全生产法》规定:矿山、建筑施工单位和危险物品的生产、经营、储存单位,应设置安全生产管理机构或者配备专职安全生产管理人员。前款规定以外的其他生产经营单位,从业人员超过三百人的,应设置安全生产管理机构或者配备专职安全生产管理人员;从业人员在三百人以下的,应配备专职或者兼职的安全生产管理人员,或者委托具有国家规定的相关专业技术资格的工程技术人员提供安全生产管理服务。

《交通运输突发事件应急管理规定》规定:交通运输主管部门应加强应急队伍应急能力和人员素质建设,加强专业应急队伍与非专业应急队伍的合作、联合培训及演练,提高协同应急能力。交通运输主管部门可以根据应急处置的需要,与其他应急力量提供单位建立必要的应急合作关系。

《中华人民共和国突发事件应对法》规定:单位应建立由本单位职工组成的专职或者兼职应急救援队伍。

同时,《关于加强交通运输企业安全生产绩效考核的指导意见》(交安监发〔2010〕432 号)中也提到了交通运输企业安全绩效考核,内容包括:机构设置情况的考核,即交通运输企业按照国家有关法律法规规定,设置安全生产管理机构、配置专兼职安全管理人员。

依据以上法律文件的要求,这就需要港口企业依据法律规范的要求必须配置安全生产管理人员和应急管理人员。

### 3.2.3 企业工作思路及关注的重点

(1)根据企业人事部门定编的花名册,专职安全管理人员数量必须大于企业职工总数的 2‰。环保人员、劳动防护用品和保健用品发放人员、交通监理员等不属于专职安技人员。

(2)安全管理人员应考虑文化层次、年龄和知识结构及思想素质、业务能力,以适应工作需要。专职安全管理人员应按规定接受培训。

(3)企业应根据其规模和危险程度,逐步在安全技术人员中配备一定比例的注册安全工程师。

### 3.2.4 解析依据

(1)《中华人民共和国安全生产法》(中华人民共和国主席令〔2002〕第70号);

(2)《中华人民共和国突发事件应对法》(中华人民共和国主席令〔2007〕第69号);

(3)《交通运输突发事件应急管理规定》(交通运输部令〔2011〕第9号);

(4)《交通运输部关于贯彻落实国务院通知精神进一步加强企业安全生产工作的意见》(交安监发〔2010〕394号);

(5)《关于加强交通运输企业安全生产绩效考核的指导意见》(交安监发〔2010〕432号)。

## 3.3 术语和定义

专职安全生产和应急管理人员

专职安全生产和应急管理人员是指经建设主管部门或者其他有关部门安全生产考核合格,并取得安全生产考核合格证书在企业从事安全生产管理工作的专职人员,包括企业安全生产管理机构的负责人及其工作人员和施工现场专职安全生产和应急管理人员。

# 4 安全责任体系

## 4.1 健全责任制

### 4.1.1 考核要点

交通运输部制定的《港口客运(滚装、渡船渡口)码头企业安全生产达标考评标准》中规定,第三大要素“安全责任体系”的第一个考核要点“健全责任制”按照以下内容进行考核:

**(1)企业主要负责人、分管领导、全体员工安全职责明确,制定并落实安全生产责任制,层层签订安全生产责任书,并落实到位(三级必备项)。**

**(2)主要负责人或实际控制人是安全生产第一责任人,按照安全生产法律法规赋予的职责,对安全生产负全面组织领导、管理责任和法律责任,并履行安全生产的责任和义务(二级必备项)。**

(3)分管安全生产的负责人是安全生产的重要负责人,统筹协调和综合管理企业的安全生产工作,对安全生产负重要管理责任。

(4)其他负责人和全体员工实行“一岗双责”,对业务范围内的安全生产工作负责。

(5)安全生产管理机构、各职能部门、生产基层单位的安全职责明确并落实到位。

### 4.1.2 考核要点解析

1)*考核要点分解*

为方便企业充分认识该考核内容的内涵,有针对性地开展相关标准化建设工作,依据国家相关法律法规、标准规范、规章制度对上述考核内容进行分解,主要包括以下5个方面:

(1)法定代表人的责任义务

①企业法人代表应经过安全培训,并取得相关部门颁发的证书;

②企业法人代表负责组织建立安全生产责任制,保证安全生产投入,设立安全管理机构提供人力资源,并定期组织安全专题会议,对安全事故负法律责任。

(2)分管安全生产的领导责任

分管安全生产的领导应切实抓好隐患排查和技术工艺改进工作,完善各项安全措施,保障本企业的安全生产工作正常有效进行,发生安全生产事故及时上报。

(3)公司其他领导和全体员工责任

①公司其他领导也应履行管生产必须管安全的责任,对业务范围内的安全生产工作负责;

②公司全体员工也应履行监督安全生产的义务,发现安全隐患及时上报,完善主管安全部门的工作。

(4)各部门安全职责

①安全生产管理机构定期考核履行本部门安全职责情况;

②各职能部门定期考核履行本部门的安全职责情况;

③生产基层单位定期考核履行本单位的安全职责情况;

④有相关负责人的签字确认文本记录。

(5)各级人员职责

①各级管理人员能明确各自的安全职责,定期考核安全职责履行情况;

②各级从业人员能明确各自的安全职责,定期考核安全职责履行情况;

③有相关人员的签字确认文本记录。

2)内容及要求

《中华人民共和国安全生产法》规定,生产经营单位必须遵守本法和其他有关安全生产的法律、法规,加强安全生产管理,建立、健全安全生产责任制度,完善安全生产条件,确保安全生产。生产经营单位的主要负责人对本单位的安全生产工作全面负责。

《中华人民共和国劳动法》规定,用人单位必须建立、健全劳动安全卫生制度,严格执行国家劳动安全卫生规程和标准,对劳动者进行安全卫生教育,防止劳动过程中的事故,减少职业危害。

《中华人民共和国突发事件应对法》规定,所有单位应建立健全安全管理制度,定期检查本单位各项安全防范措施的落实情况,及时消除事故隐患。因此,建立健全安全生产责任制度是国家有关安全生产法律法规明确的生产经营单位的法定责任。

建立健全安全生产规章制度是生产经营单位安全生产的重要保障。安全风险来自于生产、经营过程之中,只要生产、经营活动在进行,安全风险就客观存在。客观上需要企业对生产工艺过程、机械设备、人员操作进行系统分析、评价,制定出一系列的操作规程和安全控制措施,以保障生产经营单位生产、经营工作合法、有序、安全地运行,将安全风险降到最低。在长期的生产经营活动过程中积累的大量风险辨识、评价、控制技术,以及生产安全事故的教训,是探索和驾驭安全生产客观规律的重要基础,只有形成生产经营单位的规章制度才能够得到不断积累,有效继承和发扬。

建立健全安全生产规章制度是生产经营单位保护从业人员安全与健康的重要手段。国家有关保护从业人员安全与健康的法律法规、国家和行业标准在一个生产经营单位的具体实施,只有通过企业的安全生产规章制度体现出来,才能使从业人员明确自己的权利和义务。同时,也为从业人员遵章守纪提供标准和依据。建立健全安全生产规章制度可以防止生产经营单位管理的随意性,有效地保障从业人员的合法权益。

安全生产责任制属于安全生产规章制度范畴。通常把"安全生产责任制"与"安全生产规章制度"并列来提,主要是为了突出安全生产责任制的重要性。安全生产责任制的核心是清晰安全生产管理的责任界面,是企业一项最基本的安全生产制度,是各种职业安全健康制度的核心,它明确规定了企业领导者、管理者及各类人员对安全生产应负的责任、权利和义务。认真贯彻、落实安全生产责任制是做好安全健康工作的重要环节,是各层次、各类人员在安全生产中分工协作、各负其责的具体体现,也是"分级管理、分线负责"的安全管理体系形成和正常运行的关键。

### 4.1.3 企业工作思路及关注的重点

对于健全责任制的工作可参照如下条款进行设置:

1)企业主要负责人履行职责

企业主要负责人是指在本单位的日常生产经营活动中具有指挥权的领导人员,包括厂长、经理以及其他主要的领导人员。主要负责人应具备以下特征:

(1)是本单位日常生产经营活动的最高负责人,负有生产经营的决策权和指挥权;

(2)是日常生产经营活动的直接指挥者;

(3)在企业日常经营活动中能够有效地实施指挥和决策;

(4)主要负责人可能同时包括几名高层决策者。

企业主要负责人对本单位的安全生产工作全面负责,既赋予主要负责人在安全生产方面法定的指挥决策权,也规定了主要负责人在安全生产方面的法定义务。

这些义务主要包括:

(1)组织建立本企业安全生产责任制、规章制度和操作规程

本条款要求企业主要负责人在单位的领导层、承担管理工作的有关职能部门以及员工之间,建立一种分工明确、运行有效、责任落实,能够充分发挥作用的安全生产责任制度,把安全生产工作落到实处。同时,应根据其自身生产经营范围、危险程度、工作性质及具体工作内容的不同,根据国家有关法律、行政法规、规章和标准,有针对性地规定具有可操作性的、保障安全生产的工作运转制度及工作的方式、方法和操作程序。

(2)确保本单位安全生产投入的有效实施

主要负责人对安全生产工作是否真正重视,一个重要的体现就是在追求经济效益的同时,能否保证在安全方面的足够投入,也就是在经济效益与安全生产方面找到最佳结合点。

本条要求企业主要负责人注重安全生产的投入,其中重要的是资金的保障投入,而资金的投入额度,则要根据企业的安全状况而确定,其基本要求是满足安全生产的必备

条件。

(3)设立与本企业相符的安全管理机构,且提供人力资源

在实行市场经济以后,必须明确企业在设置安全生产管理机构和配备安全生产管理人员方面的义务,这对于加强安全生产管理工作、保障安全生产十分必要。

本条要求企业主要负责人依据国家有关法规要求,结合企业安全特点,设立安全管理机构,提供相应的人力资源,确保安全工作真正落在实处。

(4)每年组织的安全专题会议不少于4次,且解决有关安全生产的重大问题

本条要求企业主要负责人定期分析本单位的安全现状,制订或落实重大隐患的整改措施,对安全生产的相关问题作出决策。专题会议要体现办实事、求实效。

2)建立各职能部门的安全职责

一般情况下,企业主要部门的安全生产职责要点如下(供参考):

(1)安全部门的职责

①认真贯彻执行国家及上级安全生产方针、政策、法令、法规、指示,在经理、厂长和安全生产委员会的领导下,负责企业的安全生产工作。

②负责对职工进行安全思想和安全技术知识教育,对新入厂职工进行厂级安全教育,组织对特种作业人员的安全技术培训和考核,组织开展各种安全活动。

③组织制订、修订本企业安全生产管理制度和安全技术规程,编制劳动保护专项措施计划,提出劳动保护专项措施方案,并检查执行情况。

④组织参加安全大检查,贯彻事故隐患整改制度,督促有关部门对查出的隐患制定防范措施,检查隐患整改工作。

⑤参加新建、改建、扩建及大修项目的设计审查、竣工验收、试运营等工作,使其符合安全技术要求。

⑥负责特种设备的安全管理,检查督促有关部门和单位搞好安全装置的维护保养和管理工作。

⑦深入现场检查,解决有关安全问题,纠正违章指挥、违章作业,遇有危及安全生产的紧急情况,有权令其停止作业,并立即报告有关领导处理。

⑧监督检查安全防火管理制度的执行情况。

⑨负责各类事故的汇总统计、上报工作,并建立、健全事故档案,按规定参加事故的调查、处理工作。

⑩负责对企业各单位的安全考核评比工作,会同工会认真开展安全生产竞赛活动。总结交流安全生产先进经验,积极推广安全生产科研成果、先进技术及现代安全管理方法;建立健全安全生产管理网,指导基层安全生产工作。

(2)设备部门的安全生产职责

①贯彻国家、上级部门关于设备制造、检修、维护保养及施工方面的安全规程和规

定,做好主管业务范围的安全工作,负责制定和修改各类设备设施的操作规程和管理制度。

②负责设备设施、管网及工业建筑物的管理,使其符合安全技术要求。

③负责组织对特种设备、职业危害防护设施、安全装置、计量装置进行定期检查、校验和送检工作,协助办理特种设备的注册登记。

④在制定或审定有关设备制造、更新改造方案和编制设备检修计划时,应有相应的安全卫生措施内容,并确保实施。

⑤组织本专业的安全大检查,对检查出的有关问题要有计划地及时解决,按期完成安全技术措施计划和事故隐患整改项目。

(3)业务部门的安全生产职责

①编制或修订技术作业规程或工艺技术规程时必须符合安全生产的要求,并经常督促检查执行。

②制定长远发展规划,编制全厂技术措施计划。

③严格执行安全卫生设施与主体工程同时设计、同时施工、同时投产和使用的原则。

④组织并督促各生产单位对生产操作工人的技术训练。

⑤负责组织开展安全技术研究工作,积极采用安全生产的新技术、新工艺和新材料,提高本质安全。

(4)生产调度部门的安全生产职责

①及时传达、贯彻、执行有关安全生产的指标,坚持生产与安全的“五同时”。

②在保证安全的前提下组织指挥生产,发现违反安全生产制度和安全技术规程的行为,应及时制止,严禁违章指挥。

③在生产中出现不安全因素、险情及事故时,要果断正确处理,防止事态扩大,并通知有关主管部门共同处理,认真做好记录。

④参加安全生产大检查,随时掌握安全生产动态。

(5)人事劳资部门的安全生产职责

①对新进单位人员(包括实习、代培人员)及时组织安全教育,经考核合格后方可分配到各基层单位。会同安全部门组织对职工的安全技术教育及特种作业人员的培训、考核工作,并对培训效果进行评定。

②把安全工作业绩纳入干部晋升、职工晋级和奖励考核内容。

③按国家规定,从质量和数量上保证安全生产人员的配备。

④临时用工协议书中应有安全方面的条文,并会同有关部门执行。

(6)保卫部门的安全生产职责

①健全安全保卫制度,认真做好要害部门安全生产的保卫工作。

②负责企业内炸药、雷管、剧毒物品的管理和审批。

③掌握企业主要生产过程的火灾特点，经常深入基层监督检查火源、火险及灭火设施的管理，督促落实火险隐患的整改，确保消防设施完备和消防道路通畅。

(7)计划、财务部门的安全生产职责

①在编制生产计划和总结生产完成情况时，必须同时计划和总结安全生产工作。

②在编制、检查建设项目的同时，编制检查安全技术措施计划，认真贯彻国务院关于企业安全措施经费的规定，专款专用，定期核算。

③保证劳动保护用品、保健食品和清凉饮料的开支，保证企业安全生产实际需要的经费。

(8)供应、储运、销售部门的安全生产职责

①对所管辖范围内的安全生产负责，建立健全安全规章制度和操作规程。

②管理好危险化学品，严格执行危险品运输操作制度。

③按计划及时供应安全技术措施项目所需的设备、材料。

④负责各类劳动防护用品的采购、保管并按标准发放。

⑤加强对购入设备、配件及有关原材料的质量管理，使其安全可靠性能符合企业要求。

⑥认真执行上级有关交通安全的规定，做好机动车辆的年检和驾驶员的年审、安全教育和考核工作。

⑦认真做好车辆维修保养工作，确保安全行驶。

(9)设计部门的安全生产职责

①在建设项目和技术改造项目设计时，严格执行“三同时”规定和国家安全技术规范。

②负责劳动保护专项措施项目的设计工作。

③组织设计审查时，应有安全技术、消防、工业卫生等部门参加。

④在编制设计规划方案时，应有安全卫生专篇。

(10)工会安全生产职责

①贯彻总工会有关安全卫生的方针、政策，并监督认真执行，对忽视安全生产和违反劳动保护的现象及时提出批评和建议，督促和配合有关部门及时改进。

②监督劳动保护费用的使用情况，对有碍安全生产、危害职工安全健康和违反安全操作规程的行为有权抵制、纠正和控告。

③做好安全生产宣传教育工作，教育职工自觉遵纪守法，执行安全生产各项规程、规定，支持企业负责人对安全生产作出突出贡献的单位和个人给予表彰和奖励，对违反安全生产规定的单位和个人给予批评和惩罚。

④参加企业有关安全生产规章制度的制订。

⑤协助行政搞好班组的安全建设。

⑥关心职工劳动条件的改善，保护职工在劳动中的安全与健康，组织从事职业危害作业人员进行预防性健康检查和疗养。

⑦发动和依靠广大职工群众有效地搞好安全生产。

⑧参加安全生产检查和对建设项目的“三同时”监督，参加事故的调查处理。

（11）员工安全职责

①认真学习和严格遵守各项规章制度，不违反劳动纪律，不违章作业，对本岗位的安全生产负直接责任。

②精心操作，严格执行工艺纪律，做好各项记录，交接班必须交接安全情况。

③正确分析、判断和处理各种事故隐患，把事故消灭在萌芽状态；如发生事故，要正确处理，及时、如实地向上级报告，并保护现场，做好详细记录。

④按时认真进行巡回检查，发现异常情况及时处理和报告。

⑤正确操作、精心维护设备，保持作业环境整洁，做好文明生产。

⑥上岗必须按规定着装；妥善保管和正确使用各种防护器具和灭火器材。

⑦积极参加各种安全活动。

⑧有权拒绝违章作业的指令，对他人违章作业加以劝阻和制止。

总之，安全生产责任制文本应涵盖各级管理者（主要负责人、副职领导、职能部门和队、科领导、班组长以及其他人员），其内容应体现“分级管理、分线负责”的原则，且与人员的行政管理职能相符。

### 4.1.4 解析依据

（1）《中华人民共和国安全生产法》（中华人民共和国主席令〔2002〕第70号）；

（2）《中华人民共和国劳动法》（中华人民共和国主席令〔1994〕第28号）；

（3）《中华人民共和国突发事件应对法》（中华人民共和国主席令〔2007〕第69号）；

（4）《安全生产管理知识》（2011年版，中国大百科全书出版社）。

## 4.2 责任制考评

### 4.2.1 考核要点

交通运输部制定的《港口客运（滚装、渡船渡口）码头企业安全生产达标考评指标》中规定，第三大要素“安全责任体系”的第二个考核要点“责任制考核”按照以下内容进行考核：

**根据安全生产责任进行定期考核和奖惩，公告考评和奖惩情况（二级必备项）。**

### 4.2.2 考核要点解析

1）考核要点分解

为方便企业充分认识该考核内容的内涵，有针对性地开展相关标准化建设工作，依据国家相关法律法规、标准规范、规章制度对上述考核内容进行分解，主要包括以下两个方面：

（1）安全生产责任书的签订

①有各级负责人签字的书面文本；

②逐级监督落实安全生产责任制履行实施情况，并做好相关负责人的签字确认文本记录。

（2）考核和奖惩

①有书面奖惩和考核记录；

②公告内容透明公开，接受各方面的监督。

2）内容及要求

《国务院关于坚持科学发展安全发展促进安全生产形势持续稳定好转的意见》中要求加强安全生产绩效考核，把安全生产考核控制指标纳入经济社会发展考核评价指标体系，加大各级领导干部政绩业绩考核中安全生产的权重和考核力度；把安全生产工作纳入社会主义精神文明和党风廉政建设、社会管理综合治理体系之中。制定完善安全生产奖惩制度，对成效显著的单位和个人要以适当形式予以表扬和奖励，对违法违规、失职渎职的，依法严格追究责任。强调了对企业安全生产责任制的考核和奖惩制度的建立的重要性。

### 4.2.3 企业工作思路及关注的重点

安全生产责任制考核办法可参考以下内容：

安全生产责任制是指企业对各个部门、各类人员至每个员工所规定的在他们各自职责范围内，对安全生产工作应负的责任制度。

企业根据各个部门、各类人员的不同职责范围制定了安全生产责任制，现已成为完整的制度体系，为督促责任制的落实，做到安全生产工作时时处处有人抓有人管，实现安全生产。

（1）考核依据“管生产，必须管安全”，“安全生产，人人有责”的原则及国家有关安全生产法律、法规、规范、标准制度。

（2）本办法适用于企业各个部门、各类人员的安全生产责任的考核。

（3）各部门、各类人员安全生产责任制，必须落实到位，并实行一级对一级负责；实行逐级签订安全生产责任状。各部门、各类人员自签订之日起，安全生产责任生效。

（4）安全生产责任的考核，实行分级考核的办法，即企业负责人对部门负责人，各部门负责人对本部门管理人员、项目负责人,项目负责人对项目部管理人员、作业班组长,班组长对本班组工人进行考核。

(5)安全生产责任制考核可采用等级系数法或千分百分制法,设定考核等级、考核分数等考核参数。

(6)安全生产责任制考核,企业应每半年进行一次考核,项目部、班组每季度进行一次考核,考核依据安全检查情况进行计算评比等级。

(7)考核结果是对企业、部门、班组安全性的一个评价,但也是对具体当事人安全责任的考核,考核中出现的问题要追究到某人的安全责任。

(8)奖罚办法:

年度内每次考核都称职的部门、个人都可以入围先进单位、先进个人评比,职务晋升,奖金等级的评定。

每次考核基本称职的部门和个人,企业除对其进行批评教育外,并要求限期达到称职。

每次对考核不称职的部门和个人进行处罚(如部门领导罚款500元,部门内不称职的每人罚款300元)并提出警告处分。

每年累计三次及三次以上考核不称职的部门和个人,视情节轻重给予撤职、调换岗位、降级使用、扣发全年奖金或加倍罚款。

(9)由于责任过失造成伤亡事故或重大经济损失者,除追究其个人责任和经济处罚外,直到追究刑事责任。

### 4.2.4 解析依据

(1)《中华人民共和国安全生产法》(中华人民共和国主席令〔2002〕第70号);

(2)《国务院关于坚持科学发展安全发展促进安全生产形势持续稳定好转的意见》(国发〔2011〕40号令)。

## 4.3 术语与定义

1) 安全生产规章制度

安全生产规章制度是指生产经营单位依据国家有关法律法规、国家和行业标准,结合生产经营的安全生产实际,以生产经营单位名义颁布的有关安全生产的规范性文件。一般包括:规程、标准、规定、措施、办法、制度、指导意见等。

2) 安全生产责任书

安全生产责任书是指就甲乙双方的安全责任问题,双方经过协商达成一致的共识,将各自责任和共识内容记录下来并书面签署的文件。

# 5　法规和安全管理制度

## 5.1　资质

### 5.1.1　考核要点

交通运输部制定的《港口客运(滚装、渡船渡口)码头企业安全生产达标考评指标》中规定,第四大要素“法规和安全管理制度”的第一个考核要点“资质”按照以下内容进行考核:

**港口经营许可证、企业法人营业执照合法有效,经营范围符合要求(三级必备项)。**

### 5.1.2　考核要点解析

1) *考核要点分解*

(1)港口客运(滚装、渡船渡口)码头企业应依法取得港口经营许可证和企业法人营业执照后,再进行港口经营。

(2)港口客运(滚装、渡船渡口)码头企业要在港口经营许可证和企业法人营业执照的允许经营范围内进行合法经营。

2) *内容及要求*

对于港口企业应取得港口经营许可的资质问题,《中华人民共和国港口法》(中华人民共和国主席令〔2003〕第5号)明确规定:从事港口经营,应向港口行政管理部门书面申请取得港口经营许可,并依法办理工商登记。

港口经营包括码头和其他港口设施的经营,港口旅客运输服务经营,在港区内从事货物的装卸、驳运、仓储的经营和港口拖轮经营等。

同时,《海上滚装船舶安全监督管理规定》(交通部令〔2002〕第1号)中也作了类似的要求:从事滚装船舶运输的经营人(以下简称“滚装船舶经营人”)及其他从业人员,应根据国家有关规定,取得相应的从业资质。

常见的营业执照有企业法人营业执照和营业执照两种。前者是取得企业法人资格的合法凭证,有限公司即属此类;后者是合法经营权的凭证,不具备法人资格的个人独资企业和合伙企业核发该种执照。

企业法人营业执照的登记事项为:企业名称、住所、法定代表人、注册资金、经济成分、经营范围、经营方式等。营业执照的登记事项为:名称、地址、负责人、资金数额、经济成分、经营范围、经营方式、从业人数、经营期限等。

### 5.1.3 企业工作思路及关注的重点

港口客运(滚装、渡船渡口)码头企业应该在正式开展客运(滚装、渡船渡口)运营工作前,及时依法取得港口经营许可证和企业法人营业执照后,再进行港口经营,并且要在港口经营许可证和企业法人营业执照的允许经营范围内进行合法经营。

### 5.1.4 解析依据

(1)《中华人民共和国安全生产法》(中华人民共和国主席令〔2002〕第70号);

(2)《中华人民共和国港口法》(中华人民共和国主席令〔2003〕第5号);

(3)《海上滚装船舶安全监督管理规定》(交通部令〔2002〕第1号)。

## 5.2 法规

### 5.2.1 考核要点

交通运输部制定的《港口客运(滚装、渡船渡口)码头企业安全生产达标考评指标》中规定,第四大要素“法规和安全管理制度”的第二个考核要点“法规”按照以下内容进行考核:

(1)及时识别、获取适用的安全生产法律法规、标准规范。

(2)将法规标准和相关要求及时转化为本单位的规章制度,贯彻到各项工作中。

(3)执行并落实安全生产法律法规、标准规范。

(4)将适用的安全生产法律、法规、标准及其他要求及时对从业人员进行宣传和培训。

### 5.2.2 考核要点解析

*1) 考核要点分解*

为方便企业充分认识该考核内容的内涵,有针对性地开展相关标准化建设工作,依据国家相关法律法规、标准规范、规章制度对上述考核内容进行分解,主要包括以下4个方面:

(1)法律法规、标准规范的更新

①保证安全生产法律法规、标准规范的时效性;

②应设立专门的安全生产法律法规、标准规范更新机制,有专人负责。

(2)转化法规标准和相关要求

①应由专门的部门和人员负责将法规标准和相关要求及时转化为本单位的规章制

度，并由相关领导组织安全工作会议将新的规章制度贯彻到各项工作中去；

②每次会议应有书面的会议纪要，由与会人员签字，存档备查。

(3)法律法规、标准规范的落实执行

各级职能部门应能认真贯彻落实安全生产法律法规、标准规范要求，并有落实执行情况书面记录，由各级领导签字，存档备查。

(4)宣传和培训

①建立从业人员进行宣传和培训的长效机制，及时普及安全生产法律、法规、标准及其他要求；

②每次培训、宣传都应做好书面记录，并有相关人员签字存档备查。

2）内容及要求

(1)法律法规、标准规范的更新

依据《企业安全生产标准化基本规范》(AQ/T 9006—2010)，企业应建立识别和获取适用的安全生产法律法规、标准规范的制度，明确主管部门，确定获取的渠道、方式，及时识别和获取适用的安全生产法律法规、标准规范。

企业各职能部门应及时识别和获取本部门适用的安全生产法律法规、标准规范，并跟踪、掌握有关法律法规、标准规范的修订情况，及时提供给企业内负责识别和获取适用的安全生产法律法规的主管部门汇总。

企业应遵守安全生产法律法规、标准规范，并将相关要求及时转化为本单位的规章制度，贯彻到各项工作中。

企业应将适用的安全生产法律法规、标准规范及其他要求及时传达给从业人员。

(2)操作岗位人员教育培训

企业应对操作岗位人员进行安全教育和生产技能培训，使其熟悉有关的安全生产规章制度和安全操作规程，并确认其能力符合岗位要求。未经安全教育培训，或培训考核不合格的从业人员，不得上岗作业。

新入港口企业人员在上岗前必须经过港口企业、企业下属公司、班组三级安全教育培训。

在新工艺、新技术、新材料、新设备设施投入使用前，应对相关岗位人员进行专门的安全教育和培训。

操作岗位人员转岗、离岗一年以上重新上岗者，应进行车间(工段)、班组安全教育培训，经考核合格后，方可上岗工作。

从事特种作业的人员应取得特种作业操作资格证书，方可上岗作业。

企业应对相关方的作业人员进行安全教育培训。作业人员进入作业现场前，应由作业现场所在单位对其进行进入现场前的安全教育培训。

企业应对外来参观、学习等人员进行有关安全规定、可能接触到的危害及应急知识的教育和告知。

### 5.2.3 企业工作思路及关注的重点

(1)建立识别和获取适用的安全生产法律法规、标准及其他要求管理制度。

(2)明确责任部门,明确获取渠道、方式、时机等,编制适用的安全生产法律法规及其他要求清单,清单中没有未识别的或有作废的法律法规。定期进行更新,确保所用法规标准和其他要求是最新的有效版本。

(3)建立宣传和培训安全生产法律、法规、标准和其他要求的制度,部门和基层单位要有学习安全生产法律、法规、标准和其他要求的计划和台账记录。

(4)及时传达给相关方并做好培训或宣传记录。

### 5.2.4 解析依据

(1)《中华人民共和国安全生产法》(中华人民共和国主席令〔2002〕第70号);

(2)《企业安全生产标准化基本规范》(AQ/T 9006—2010)。

## 5.3 安全管理制度

### 5.3.1 考核要点

交通运输部制定的《港口客运(滚装、渡船渡口)码头企业安全生产达标考评指标》中规定,第四大要素“法规和安全管理制度”的第三个考核要点“安全管理制度”按照以下内容进行考核:

(1)制定并及时修订安全生产管理制度,并发放到岗位(职工),内容包括:

①安全生产责任制;

②安全例会制度;

③文件和档案管理制度;

④安全生产费用提取和使用管理制度;

⑤设施、设备、货物安全管理制度;

⑥安全培训和教育学习制度;

⑦安全生产监督检查制度;

⑧事故统计报告制度;

⑨安全奖惩制度。

(2)对从业人员进行安全管理制度的学习和培训。督促从业人员严格执行本单位的安全管理制度。

### 5.3.2　考核要点解析

1）考核要点分解

(1)安全生产管理制度的制定和修订

①应至少制定18项相关安全生产管理制度，安全生产管理制度完整可行，并及时有效地进行修订；

②通过教育培训等手段使各岗位（职工）对各项制度有所了解，修订后及时传达到每个从业人员；

③各项制度有书面文本，发放到各岗位（职工）有记录，及时存档备查。

(2)安全管理制度的学习、培训和执行

①定期组织从业人员进行安全管理制度的学习和培训；

②对学习培训内容进行考试，有书面考试试卷记录并存档备查。

2）内容及要求

企业应建立健全安全生产规章制度，并发放到相关工作岗位，以规范从业人员的生产作业行为。

安全生产规章制度至少应包含下列内容：安全生产职责、安全生产投入、文件和档案管理、隐患排查与治理、安全教育培训、特殊作业人员管理、设备设施安全管理、建设项目安全设施“三同时”管理、生产设备设施验收管理、生产设备设施报废管理、施工和检修安全管理、危险物品及重大危险源管理、作业安全管理、相关方及外用工管理、职业健康管理、防护用品管理、应急管理、事故管理等。

企业应确定安全教育培训主管部门，按规定及岗位需要，定期识别安全教育培训需求，制定、实施安全教育培训计划，提供相应的资源保证。

### 5.3.3　企业工作思路及关注的重点

(1)企业应建立文件的管理制度，确保安全生产规章制度和操作规程编制、发布、使用、评审、修订等效力。

(2)应按照相关规定建立和发布健全的安全生产规章制度，至少包含下列内容：安全目标管理、安全生产责任制管理、法律法规标准规范管理、安全投入管理、文件和档案管理、风险评估和控制管理、安全教育培训管理、特种作业人员管理、设备设施安全管理、建设项目安全“三同时”管理、生产设备设施验收管理、生产设备设施报废管理、施工和检（维）修安全管理、危险物品及重大危险源管理、作业安全管理、相关方及外用工（单位）管理、职业健康管理、劳动防护用品（具）和保健品管理、安全检查及隐患治理、应急管理、事故管理、安全绩效评定管理等。

(3)应将安全生产规章制度发放到相关工作岗位，并对员工进行培训和考核。

### 5.3.4 解析依据

(1)《中华人民共和国安全生产法》(中华人民共和国主席令〔2002〕第70号);

(2)《企业安全生产标准化基本规范》(AQ/T 9006—2010)。

## 5.4 岗位安全生产操作规程

### 5.4.1 考核要点

交通运输部制定的《港口客运(滚装、渡船渡口)码头企业安全生产达标考评指标》中规定,第四大要素"法规和安全管理制度"的第四个考核要点"岗位安全生产操作规程"按照以下内容进行考核:

**(1)制定并及时修订各岗位的安全生产操作规程,并发放到岗位(职工)(三级必备项)。**

(2)对从业人员进行安全操作规程的学习和培训;从业人员严格执行本单位的安全操作规程。

### 5.4.2 考核要点解析

1)*要点分解*

为方便企业充分认识该考核内容的内涵,有针对性地开展相关标准化建设工作,依据国家相关法律法规、标准规范、规章制度对上述考核内容进行分解,主要包括以下两个方面:

(1)安全生产操作规程的制定和修订

①明确企业内的具体工作岗位数量和特点;

②及时对各岗位的安全生产操作规程进行制定和修订;

③有书面文本,发放有记录。

(2)操作规程的学习、培训和执行

①对从业人员进行安全操作规程的学习和培训进行书面记录,参与学习培训的人员签名;

②通过定期考评,考核从业人员严格执行本单位的安全操作规程情况,有奖惩记录,并存档备查。

2)*内容及要求*

企业应根据生产特点,编制岗位安全操作规程,并发放到相关岗位。每年至少一次对安全生产法律法规、标准规范、规章制度、操作规程的执行情况进行检查评估。

### 5.4.3　企业工作思路及关注的重点

1）建立、健全岗位安全操作规程

(1)岗位安全操作规程的编制应依据本单位工艺流程、设备(设施)性能、操作方法及工作环境制定,一般应以作业工序、作业岗位为基本单元,相同设备设施,且作业方式相同,可以合并。否则,应单独编制安全操作规程。安全操作规程应符合相关的安全技术标准。

(2)岗位安全操作规程应包括:岗位危险源、控制标准、操作中的安全方法和严禁事项,凡有重大或重要危险源的岗位,应有应急救援预案或应急措施。

(3)企业采用新技术、新工艺、新设备在投入使用前,应先制定安全操作规程或安全操作注意事项。

(4)岗位安全操作规程应随工艺或设备的变更情况,及时进行更新,且是有效版本。

2）严格执行岗位安全操作规程

凡在现场作业人员,应严格遵守和执行本岗位安全操作规程。

### 5.4.4　解析依据

(1)《中华人民共和国安全生产法》(中华人民共和国主席令〔2002〕第70号);

(2)《企业安全生产标准化基本规范》(AQ/T 9006—2010)。

## 5.5　制度执行及档案管理

### 5.5.1　考核要点

交通运输部制定的《港口客运(滚装、渡船渡口)码头企业安全生产达标考评指标》中规定,第四大要素“法规和安全管理制度”的第五个考核要点“制度执行及档案管理”按照以下内容进行考核:

(1)执行国家有关安全生产方针、政策、法规及本单位的安全管理制度和操作规程,依据行业特点,制定企业安全生产管理措施。

(2)每年至少一次对安全生产法律法规、标准规范、规章制度、操作规程的执行情况进行检查。

**(3)建立和完善各类台账和档案,并按要求及时报送有关资料和信息(三级必备项)。**

### 5.5.2　考核要点解析

1）要点分解

为方便企业充分认识该考核内容的内涵,有针对性地开展相关标准化建设工作,依

据国家相关法律法规、标准规范、规章制度对上述考核内容进行分解,主要包括以下3个方面:

(1)企业安全生产管理措施的制定

①依据行业特点,制定企业安全生产管理措施,且保证措施正确可行;

②各级各部门各类人员能正确领会并贯彻实施;

③企业安全生产管理措施有书面文本,归档备查。

(2)执行情况的检查

①执行情况的检查应定期组织相关安全管理人员进行,每年至少一次检查;

②安全生产法律法规、标准规范、规章制度、操作规程的执行情况应有书面检查记录,归档备查。

(3)台账和档案的建立和完善

①保证各类台账和档案的完整,不断完善,并方便查询;

②按要求及时报送有关资料和信息。

2)内容及要求

生产经营单位应教育和督促从业人员严格执行本单位的安全生产规章制度和安全操作规程。企业应严格执行文件和档案管理制度,确保安全规章制度和操作规程编制、使用、评审、修订的效力。建立主要安全生产过程、事件、活动、检查的安全记录档案,并加强对安全记录的有效管理。

企业应每年至少一次对安全生产法律法规、标准规范、规章制度、操作规程的执行情况进行检查评估,并做好安全教育培训记录,建立安全教育培训档案,实施分级管理,并对培训效果进行评估和改进。

### 5.5.3 企业工作思路及关注的重点

(1)企业主要领导重视,安委会组织每年至少一次对各个部门对安全生产法律法规、标准规范、规章制度、操作规程的执行情况和适用情况进行检查、评估,总结经验持续改进。

(2)企业应建立文件和档案的管理制度,明确责任部门/人员、流程、形式、权限及各类安全生产档案及保存要求等。

(3)确保安全规章制度和操作规程编制、使用、评审、修订的效力。

(4)应对下列主要安全生产资料实行档案管理:主要安全生产文件、事故、事件记录,风险评价信息,培训记录,标准化系统评价报告,事故调查报告,检查、整改记录,职业卫生检查与监护记录,安全生产会议记录,安全活动记录,法定检测记录,关键设备设施档案,应急演习信息,承包商和供应商信息,维护和校验记录,技术图纸等。

安全生产台账一般包括:

(1)安全责任书(与主管单位及内部各班组签订的安全生产目标管理责任书、合同)。

(2)安全生产机构设置的文件(领导小组、安全组织等)。

(3)安全生产管理制度(安全生产责任制、安全技术措施计划、安全生产教育、安全生产定期检查、伤亡事故的调查和处理制度)。企业注册安全主任、安全员、班组长等岗位职责。

(4)上级有关安全生产管理部门制订和下发的制度性文件、通知、通报等。

(5)安全宣传教育培训、学习、活动资料。

(6)安全生产检查资料。

(7)安全会议记录。

(8)花名册:全员花名册、特种作业人员花名册。

(9)新工人(含民工和临时工)三级教育。

(10)机械、电气等设备管理资料。

(11)安全技术交底资料。

(12)爆破物品管理台账。

(13)事故应急预案、事故记录和报告资料,安全事故调查处理材料。

(14)安全设施和劳保用品购买、发放登记台账。

### 5.5.4 解析依据

(1)《中华人民共和国安全生产法》(中华人民共和国主席令〔2002〕第70号);

(2)《企业安全生产标准化基本规范》(AQ/T 9006—2010)。

## 5.6 术语与定义

1) 滚装船舶

滚装船舶是指具有滚装装货处所或者装车处所的船舶,包括滚装客船和滚装货船。

2) 滚装客船

滚装客船是指具有乘客定额证书且核定乘客定额(包括车辆驾驶员)12人以上的滚装船舶。

3) 滚装货船

滚装货船是指滚装客船以外的,且核定乘客定额(包括车辆驾驶员)11人以下的其他滚装船舶。

# 6 安 全 投 入

## 6.1 资金投入

### 6.1.1 考核要点

交通运输部制定的《港口客运(滚装、渡船渡口)码头企业安全生产达标考评指标》中规定,第五大要素“资金投入”的第一个考核要点“安全投入”按照以下内容进行考核:

(1)**按规定足额提取安全生产专项经费(三级必备项)。**

(2)**安全生产经费专款专用,保证安全生产投入的有效实施(二级必备项)。**

(3)及时投入满足安全生产条件的所需资金。

### 6.1.2 考核要点解析

1)考核要点分解

为方便企业充分认识该考核内容的内涵,有针对性地开展相关标准化建设工作,依据国家相关法律法规、标准规范、规章制度对上述考核内容进行分解,主要包括以下两个方面:

(1)安全生产专项经费的提取

①建立安全生产专项经费使用计划,并形成书面文本,各级各部门领导负责安全专项经费的合理有效使用;

②资金投入计划有针对性,分类项目清晰、合理,落实到部门及人员,保证有效使用,并做好经费使用情况的台账记录,归档备查。

(2)安全生产资金投入

①保证安全生产为前提,由企业主要负责人负责满足安全生产条件所需资金的投入,做到针对性强,投入及时、有效;

②下属部门应及时上报安全生产条件现状,使企业主要负责人更了解企业内部的安全条件状况。

2)内容及要求

生产经营单位应具备的安全生产条件所必需的资金投入,由生产经营单位的决策机构、主要负责人或者个人经营的投资人予以保证,并对由于安全生产所必需的资金投入不足导致的后果承担责任。

财政部及安全监管总局文件财企〔2012〕16号文的附件《企业安全生产费用提取和使用管理办法》中要求各建设工程类别安全费用提取标准如下：

(1)矿山工程为2.5%；

(2)房屋建筑工程、水利水电工程、电力工程、铁路工程、城市轨道交通工程为2.0%；

(3)市政公用工程、冶炼工程、机电安装工程、化工石油工程、港口与航道工程、公路工程、通信工程为1.5%。

建设工程施工企业提取的安全费用列入工程造价，在竞标时，不得删减，列入标外管理。国家对基本建设投资概算另有规定的，则从其规定。

总包单位应将安全费用按比例直接支付分包单位并监督使用，分包单位不再重复提取。

交通运输企业以上年度实际营业收入为计提依据，按照以下标准平均逐月提取：

(1)普通货运业务按照1%提取；

(2)客运业务、管道运输、危险品等特殊货运业务按照1.5%提取。

交通运输企业安全费用应按照以下范围使用：

(1)完善、改造和维护安全防护设施设备支出(不含"三同时"要求初期投入的安全设施)，包括道路、水路、铁路、管道运输设施设备和装卸工具安全状况检测及维护系统、运输设施设备和装卸工具附属安全设备等支出；

(2)购置、安装和使用具有行驶记录功能的车辆卫星定位装置、船舶通信导航定位和自动识别系统、电子海图等支出；

(3)配备、维护、保养应急救援器材、设备支出和应急演练支出；

(4)开展重大危险源和事故隐患评估、监控和整改支出；

(5)安全生产检查、评价(不包括新建、改建、扩建项目安全评价)、咨询和标准化建设支出；

(6)配备和更新现场作业人员安全防护用品支出；

(7)安全生产宣传、教育、培训支出；

(8)安全生产适用的新技术、新标准、新工艺、新装备的推广应用支出；

(9)安全设施及特种设备检测检验支出；

(10)其他与安全生产直接相关的支出。

其中，针对客运(滚装、渡船渡口)码头水路运输企业的安全投入范围进行了相应的要求。

### 6.1.3 企业工作思路及关注的重点

生产经营单位必须安排适当的资金，用于改善安全设施，进行安全教育培训，更新安全技术装备、器材、仪器、仪表及其他安全生产设备设施,以保证生产经营单位达到法律、法规、标准规定的安全生产条件,并对由于安全生产所需的资金投入不足导致的后果承担责任。

安全生产投入资金具体应依据企业的性质来定。一般说来,股份制企业、合资企业等安全生产投入资金由董事会予以保证;一般国有企业由厂长或者经理予以保证;个体工商户等个体经济组织由投资人予以保证。上述保证人承担由于安全生产所必需的资金投入不足而导致事故后果的法律责任。

企业安全生产投入是一项长期性的工作,安全生产设施的投入必须有一个根本的总体计划,有计划、有步骤、有重点地进行,要克服盲目无序投入的现象。因此企业切实加强安全生产投入资金的管理,要制定安全生产费用的提取和使用计划,并纳入企业全面预算中。

### 6.1.4 解析依据

(1)《中华人民共和国安全生产法》(中华人民共和国主席令〔2002〕第70号);

(2)《财政部 安全监管总局关于印发〈企业安全生产费用提取和使用管理办法〉的通知》(财政部、安全监管总局财企〔2012〕16号)。

## 6.2 费用管理

### 6.2.1 考核要点

交通运输部制定的《港口客运(滚装、渡船渡口)码头企业安全生产达标考评指标》中规定,第五大要素“安全投入”的第二个考核要点“费用管理”按照以下内容进行考核:

(1)跟踪、监督安全生产专项经费使用情况;

(2)建立安全费用使用台账。

### 6.2.2 考核要点解析

1) *考核要点分解*

为方便企业充分认识该考核内容的内涵,有针对性地开展相关标准化建设工作,依据国家相关法律法规、标准规范、规章制度对上述考核内容进行分解,主要包括以下两个方面:

(1)安全生产专项经费使用情况的跟踪、监督

①建立安全生产专项经费责任管理跟踪机制,明确企业各级负责人,跟踪管理资金使用的各个环节;

②建立安全生产专项经费监督保障机制,企业各级安全生产相关的部门应对资金计划实施情况进行监督审查,并及时向各级负责人和工会报告。

(2)安全费用使用台账的建立

①建立安全费用分类使用台账,同时根据企业规定,统计上报相关资料和报表;

②定期请专门的审计单位对安全费用使用情况进行审计,出具审计结果报告,归档备查。

2)内容及要求

安全费用按照“企业提取、政府监管、确保需要、规范使用”的原则进行管理。

企业应建立健全内部安全费用管理制度,明确安全费用提取和使用的程序、职责及权限,按规定提取和使用安全费用。企业应加强安全费用管理,编制年度安全费用提取和使用计划,纳入企业财务预算。企业年度安全费用使用计划和上一年安全费用的提取、使用情况按照管理权限报同级财政部门、安全生产监督管理部门行业主管部门备案。

企业安全费用的会计处理,应符合国家统一的会计制度的规定。企业提取的安全费用属于企业自提自用资金,其他单位和部门不得采取收取、代管等形式对其进行集中管理和使用,国家法律、法规另有规定的除外。

建设工程施工总承包单位未向分包单位支付必要的安全费用以及承包单位挪用安全费用的,由建设、交通运输、铁路、水利、安全生产监督管理等主管部门依照相关法规、规章进行处理、处罚。

### 6.2.3 企业工作思路及关注的重点

生产经营单位应制定安全生产投入的管理制度,明确具体的使用范围、管理程序、监督程序,每年完成后应及时总结项目和费用的完成情况。在年度财务会计报告中,生产经营单位应披露安全费用提取和使用的完成情况,接受安全生产监督管理部门和财政部门的监督。值得关注的是:生产经营单位如果违规提取和使用安全费用的,政府安全生产监督管理部门将会同财政部门责令其限期改正,予以警告。逾期不改正的,由安全生产监督管理部门按照相关法规进行处理。

### 6.2.4 解析依据

(1)《财政部 安全监管总局关于印发〈企业安全生产费用提取和使用管理办法〉的通知》(财政部、安全监管总局财企〔2012〕16 号);

(2)《企业安全生产标准化基本规范》(AQ/T 9006—2010);

(3)《中华人民共和国安全生产法》(中华人民共和国主席令〔2002〕第 70 号)。

# 7 装备设施

## 7.1 设施

### 7.1.1 考核要点

交通运输部制定的《港口客运(滚装、渡船渡口)码头企业安全生产达标考评指标》中规定,第六大要素“装备设施”的第一个考核要点“设施”按照以下内容进行考核:

(1)**具备满足安全生产需要的场地和设施设备,并符合相关安全规范和技术要求(三级必备项);**

(2)**按国家有关规定配足有效的安全、消防、救生和环境保护设备及器材(三级必备项);**

(3)设有覆盖安全重点部位视频监控设备,并保持实时监控;

(4)**按相关规定设置专用应急通道,并规范标识(三级必备项);**

(5)售票厅、候船室、旅客通道等处设置宣传告示设备、安全警告标志、指示牌、示意图;悬挂安全警示图文、张贴旅客须知、禁运限运物品宣传图、安全宣传画、宣传标语。

### 7.1.2 考核要点解析

1) *考核要点分解*

为方便企业充分认识该考核内容的内涵,有针对性地开展相关标准化建设工作,依据国家相关法律法规、标准规范、规章制度对上述考核内容进行分解,主要包括以下5个方面:

(1)具备满足安全生产需要的场地和设施设备,并符合相关安全规范和技术要求。

①码头、水域(船舶制动水域、回旋水域、泊位长度、前沿高程、前沿停泊水域、港池宽度与深度、港池与航道连接水域、航道、锚地、确定泊稳和作业条件的主要因素、港作拖船)相关的要求。

②港口助航设施、码头水工及附属设施相关的要求。

③铁路(车站、分区车场、线路)道路(布置、技术指标、标志)相关的要求。

(2)按国家有关规定配足有效的安全、消防、救生设备及器材。

安全、消防、救生设备及器材,如机械防护、报警连锁、梯台防护栏、防雷、防撞、电气绝缘、安全绳、安全网、消防车、消防船、消火栓、灭火器、救生衣、救生圈、救生艇等设备设施的要求。

(3)设有覆盖安全重点部位视频监控设备,并保持实时监控的相关要求。

(4)设置应急疏散通道的相关要求。

(5)按规定设置宣传告示设备、安全警告标志、指示牌。

有关安全标志和宣传告示牌的相关要求。

2)内容及要求

(1)应具备满足安全生产需要的场地和设施设备,并符合相关安全规范和技术要求。

①水域、码头的相关要求

a. 船舶制动水域

船舶制动水域宜设在进港方向的直线上,当布置有困难时,可设在半径不小于3~4倍设计船长的曲线上。船舶制动距离可取3~4倍设计船长。当进港条件较差时,对50 000t以上的重载船舶,其制动距离可适当加大,但不宜超过5倍设计船长。

b. 回旋水域

船舶回旋水域应设置在进出港口或方便船舶靠离码头的地点,其尺度应考虑当地风、浪、水流等条件和港作拖船配备、定位标志等因素。回旋水域的设计水深可取航道设计水深。对货物流向单一的专业码头,经论证后,其部分回旋水域可按船舶压载吃水计算。

单船或硬梆顶推船队回旋水域沿水流方向的长度,不宜小于单船或船队长度的2.5倍;当流速大于1.5m/s时,水域长度可适当加大,但不应大于单船或船队长度的4倍。

回旋水域沿垂直水流方向的宽度不宜小于单船或船队长度的1.5倍;当船舶为单舵时,水域宽度不应小于其长度的2.5倍。软拖船队回旋水域长度、宽度可适当减小。回旋水域,宜布置在码头附近。

c. 泊位长度

码头泊位长度,应满足船舶安全靠离作业和系缆的要求。

同一码头线上连续布置泊位。当在同一码头线上连续布置泊位时,其码头总长度宜根据到港船型尺度的概率分布模拟确定。

当码头布置成折线时,其转折处的泊位长度,应满足船舶靠离作业的要求,并应根据码头结构形式及转折角度确定。

开敞式码头的布置,应根据当地水深、潮汐、地质、泥沙、风、浪和水流等自然条件综合分析确定。码头轴线方向,应满足港口营运和船舶靠离、系泊和装卸作业的要求,并宜与风、浪、水流的主导方向一致;当无法同时满足时,应服从其主要影响因素。

直立式码头的泊位长度和码头长度,应满足船舶安全靠离、系缆和装卸作业的要求。

码头长度应为同一码头内各泊位占用的码头长度之和。

当直立式码头与斜坡护岸的夹角大于等于90°时,靠近护岸转折处的富裕长度宜等于泊位富裕长度值;夹角小于90°时,其富裕长度应适当加大。在护岸端转折处富裕长度值的起点,应自岸坡线上满足设计水深的地点起算。

对空驳待装、重驳待拖的辅助泊位,其泊位长度应根据装卸工艺要求确定。

d. 前沿高程

码头前沿高程应考虑当地大潮时码头面不被淹没,便于作业和码头前后方高程的衔接。码头前沿高程应根据泊位性质、船型、装卸工艺、船舶系缆、水文、气象条件、防汛要求和掩护程度等因素,并参照邻近现有码头前沿高程确定。

有掩护港口的码头前沿高程为计算水位与超高值之和。

开敞式码头应满足码头面不被波浪淹没的要求,通常不考虑码头及连接桥上部结构直接承受波浪力的作用,码头面高程在必要时应通过模型试验确定。

e. 前沿停泊水域

码头前沿停泊水域为码头前2倍设计船宽的水域范围。对于回淤严重的港口,根据维护挖泥的需要,此宽度可适当增加。

f. 港池宽度与深度

顺岸码头前沿港池,当考虑船舶转头要求时,其宽度不应小于1.5倍设计船长。对多泊位连续布置的顺岸码头,当水域狭窄或疏浚困难时,经技术经济论证,可在码头两端设置回旋水域,但码头前沿港池宽度不应小于0.8倍设计船长。

港池宽度应根据船舶安全进出港池、靠离码头作业要求、岸线的合理利用和疏浚土方量等因素综合比较确定。当港池两侧均有泊位且沿港方向布置两个以上泊位时,港池宽度不宜小于1.5倍设计船长;当港池两侧为单个泊位或风向对船舶离靠作业有利时,可适当缩窄港池宽度。对有水上过驳作业的港池,应按过驳作业要求相应加宽。港池的设计水深宜与航道设计水深一致。

码头前沿设计水深,是指在设计低水位以下的保证设计船型在满载吃水情况下安全停靠的水深。

g. 港池与航道连接水域

港池和航道间的连接水域,应满足船舶进出港池的操作要求,其尺度可根据港池与航道间的夹角和船舶转弯半径确定。船舶转弯半径,自航为3倍设计船长;拖船协助作业为2倍设计船长。

h. 航道

航道选线应结合港口总体规划,适当留有发展余地。必须在满足船舶航行安全的前提下,结合当地自然条件、引航距离、航标设置、挖泥数量、施工条件和维护费用等因素综合分析确定。

航道选线应全面分析当地自然资源,宜利用天然水深,避免大量开挖岩石、暗礁和底质不稳定的浅滩,并对航道泥沙回淤作出论证。通常情况下应减小强风、强浪和水流主流向与航道轴线的交角。

单向或双向航道的选择,应根据船舶航行密度、进出港船型比例、乘潮条件、航道长度、助航设施和交通管理等因素,经技术经济论证确定。

航道轴线宜顺直,避免多次转向。当受地形、地质条件限制必须多次转向时,宜采取减小转向角、加长两次转向间距、加大回旋半径或适当加宽航道等措施,使其达到设计要求。

受潮汐影响的河口航道,宜利用天然深槽。当穿越河口浅滩时,应着重分析河流、海洋动力和泥沙对航道的影响,并进行河口演变稳定性分析。必要时应通过模型试验,采取适当的工程措施。

对于有冰冻的港口,航道选线应注意排冰条件和冰凌对船舶航行的影响。

对于河港进港航道应满足船舶或船队安全航行的要求,其轴线走向应根据港区总图布置、自然条件及船型等因素确定。

进港航道的轴线走向宜偏向下游。在河网地区进港航道的轴线与主航道水流的夹角宜取 60°~90°,在含沙量较大的河段,夹角宜取 30°~60°,必要时,应通过模型试验验证。

进港航道的尺度应按照现行国家标准《内河通航标准》的有关规定确定。

进港航道入口与主航道的连接形式应根据下列情况确定:

Ⅰ. 在河网地区含沙量较小的河段,为保证船舶或船队进出安全,其连接形式宜采用喇叭形。

Ⅱ. 在含沙量较大的河段,入口处宽度和形式应根据设计船型、进出港船舶或船队的密度等因素确定。必要时应采取防淤、减淤措施。

i. 锚地

港口锚地按位置可划分为港外锚地和港内锚地。港外锚地供船舶候潮、待泊、联检及避风使用,有时也进行水上装卸作业。港外锚地宜采取锚泊。港内锚地供船舶待泊或水上装卸作业使用,宜采用锚泊或设置系船浮筒、系船簇桩等设施。当水域狭窄或利用河道作为锚地时,可采用一字锚或双浮筒系泊方式。选择锚地时,应考虑便于船舶寻找和方便设标,并满足各类船舶锚泊安全要求。

锚地的规模可根据排队的理论和数学模拟的方法推算。对于新建港口的锚地,其锚位数可根据港口的重要性,按在港船舶保证率 90%~95% 相应推算锚位数;对于扩建的港口,可近似地将扩建部分视为新建港口推算锚位数。

锚地位置应选在靠近港口、天然水深适宜、海地平坦、锚抓力好、水域开阔、风、浪和水流较小,便于船舶进出航道,并远离礁石、浅滩以及具有良好定位条件的水域。必要时应进行扫海测量及底质取样等工作。锚地位置的选择应符合下列规定。

Ⅰ.锚地的边缘距离航道边线的安全距离:港外锚地不应小于2~3倍设计船长;港内锚地采用单锚或单浮筒系泊时不应小于1倍设计船长,采用双浮筒系泊时不应小于2倍设计船宽。

Ⅱ.港外锚地水深不应小于设计船型满载吃水的1.2倍。当泊高超过2m时,尚应增加波浪富裕深度。港内锚地水深应与码头前沿设计水深相同。

Ⅲ.锚地底质以泥质及泥沙质为好,沙泥质次之。应避免在硬黏土、硬砂土、多礁石与抛石地区设置锚地。

Ⅳ.应避免在横流较大的地区设置锚地。

Ⅴ.对于河港锚地系泊方式,应根据港口生产要求、自然条件、河流水文特性、水域条件及船型等因素选择。锚地位置的选择和布置,应符合下列要求:

锚地的河床底质宜为泥质及泥沙质。不宜选在硬黏土、硬砂土和走沙、淤沙严重的河段,应具有水流平缓、风浪小、水深适宜的水域。在风浪较大的河段,宜选在最大风速的风向的上风侧。锚地宜靠近港区,但不应占用主航道或影响码头的装卸作业及船舶调度;锚地与桥梁、闸坝、水底过江管线之间应满足安全距离的要求。危险品船舶的锚地应布置在港区下游,并应满足安全距离的要求。当固定锚地不能适应全年使用要求时,应根据需要分别选设枯、中、洪水期锚地。锚地水深应大于在锚地设计低水位时船舶或船队满载吃水加最小富裕水深。当锚地采用趸船系泊时,船舶或船队宜在趸船两侧系泊,装载甲类油品船舶的锚地,设置生活趸船时,应设于系泊趸船的下游,并与所系泊的船舶或船队保持不小于50m的安全距离。

在水面狭窄的河段或有适宜设置锚地的河岸,可顺岸布置靠岸系泊的锚地。水位差不大,域宽度受到限制时,大型船舶宜采用双浮筒系泊方式。锚地应划定范围,并设界限标志。当锚地规模较大时,应设锚地指挥中心及必要的交通、通信、供应等设施。

j.确定泊稳和作业条件的主要因素:

Ⅰ.港口的自然条件,包括风、浪、水流的大小及其分布特性;

Ⅱ.码头装卸工艺、货种和船舶安全装卸作业的要求;

Ⅲ.码头的掩护程度及其轴线方向与风、浪、水流的相互关系;

Ⅳ.码头结构形式、防冲及系缆设施的条件。

k.港作拖船

港作拖船应具备操作灵活和顶、拖性能良好,并具有回复力矩大的特性,主机应有足够的功率,并能适应前进、后退等频繁操作的要求。港作拖船应根据进出港船舶的载重吨位和拖船顶、拖作业性质,按下列情况选型:当拖船需经常变换顶推或拖带船舶不同部位时,宜选用全回转型(Z型)拖船;当主要承担顶推或兼有拖船作业时,宜选用可变螺距推进器(C.C.P)型拖船。

港作船舶的选择,应满足提高船舶利用率和降低能耗的要求。用于生产的港作船舶利用率不宜低于40%。港作拖轮主机功率应满足满载驳船组拖航速度5～10km/h的要求。港作船舶宜设置柴油机排气余热利用设备。

②港口助航设施、码头水工及附属设施(系船、防冲、埋设件、其他)的相关要求

a. 助航设施

为保障船舶进出港口的航行安全,港口应设置必要的助航设施。

助航设施的位置,应根据港口的具体条件和航海技术的发展,合理选择助航方式。

视觉航标是港口的基本助航设施,港口宜设置完善的视觉航标系统;无线电助航设施应根据船舶航行需要和港口具体条件设置;音响航标可作为辅助性的助航设施选用。

航标的配备和选型,应充分发挥其助航效能,满足航行安全的要求。

为引导船舶接近和进入港口,宜选择有利地形设置灯塔和灯桩等岸上固定标志,并与干线上的航标相衔接;无条件设置岸标时,可设置灯船或大型浮标等浮动标志。

港口视觉航标应为进出港口的船舶指出安全通道,在不同地理环境和航道条件下,所设航标应符合下列规定:

Ⅰ. 在可供船舶航行利用的山头、岬角、岛屿以及航道附近的突嘴、礁石等危险物上可设置岸标。对有碍航行的水下障碍物和浅水区应设置浮标,标出安全航道。当可航水域宽阔、进出港船舶航行频繁,需要实行进出港分道航行时,应设置一系列标志,标示分隔线位置。

Ⅱ. 对狭窄航道或人工航槽,宜设置导标,并配以必要的浮标。当设置导标有困难时,也可以浮标标出航道界限。导标灯器宜采用单向导灯,前后标灯均应满足设计射程的要求。灯光颜色应根据背景情况确定,同一组标前后灯光色相同。附近有其他照明灯光影响导灯的效果时,宜采用有色定光灯。如采用闪光灯,其前后标灯应有较长的同明时间。条件许可时,可采用同步闪光。

Ⅲ. 对于利用自然水深的宽阔水域,宜连续等距设置浮标,并尽量取直航线和减少弯曲。浮标间距应根据通航船舶的船型、航速和设标水域的水文、气象等因素综合分析确定。对于直线段的浮标间距,原则上应达到白天从一个灯标能看到同一航向上相邻的下一个灯标,夜间从一个灯标能看到同一航向上相邻的下一个灯标,夜间从一个灯标能看到同一航向上相邻的下两个灯标。连续设置侧面标的间距宜取1～2海里;安全水域标的间距不宜大于3海里。浮标锚链的长度,应根据设标地点的水文、气象条件、底质情况、允许浮标回旋范围以及锚系方式等因素综合分析确定。在风浪、流速较小,底质锚抓力较好的港区水域,可采用单锚系方式,链长宜取最大水深的3～4倍;如采用双锚系方式,浮标锚链的长度可相应缩短。风浪、流速较大的开阔水域,锚链长度应根据具体情况适当增减。

港口视觉航标应为进出港口的船舶提供港口及附近水域与船舶航行安全有关的信息,并设置航标予以标示,所设航标应符合下列规定:

Ⅰ.需要标示的回域水域,宜设置若干各灯浮标或灯桩,标示其范围和有碍安全的浅水区域或危险物。转头点的具体位置需要特殊标示时,可采用导标与单标相结合的方法加以标示。

Ⅱ.锚地和禁航区的位置和范围,当无其他标志可供船舶确认时,宜设一个或几个标志予以标示,所设标志宜采用固定发光标志,以兼作锚泊船舶定位之用。如无设置固定标志条件,可以浮标标示。

靠近航道的防波堤或导流堤的堤头应设置灯桩,其灯光不得与水中标志相混淆。口门处的灯桩应按进口方向左侧红光、右侧绿光设置。当防波堤或导流堤较长,其走向与航道走向平行并接近时,应在堤身上以适当间隔设置固定标志。

灯塔、灯桩和立标的设计,应做到目标明显、具有一定高度和宽度、通视良好,并应满足下列要求:

Ⅰ.灯塔和灯桩的灯光高度与光强,必须满足设计射程的要求。

Ⅱ.灯塔和灯光的表面色,可根据其背景选用红、黑、白单一的颜色或两种颜色相间的横带、竖条或螺纹。在其作用范围内从任何方向观察时,应能看到同样的形状。

Ⅲ.灯桩和立标可增设矩形、梯形和圆形等日标,以增大视距和便于识别。

Ⅳ.灯塔和有人看守的灯桩,必须配有主灯及备用灯,一旦主灯发生故障,备用灯即接替发光。

Ⅴ.对灯塔和灯柱的灯光,可在其作用范围内射向危险区或危险物方位设有色光弧;对非观测方位的灯光可做遮光处理。

Ⅵ.有人看守的灯塔应根据需要设置必要的附属设施,如办公室、值班室、机房、仓库、通信设施、蓄水池、生活用房、旗杆、围墙和道路等。设在岛屿上的灯塔和水上灯塔应设置补给登陆设施。蓄水池、仓库和登陆设施的设计应满足下列要求:

- 无淡水水源的灯塔,应设置蓄水池。灯塔围墙内的地坪、屋面必须为集水要求作适当处理,并应配置供航标船输送淡水的设备。

- 储存燃料、物料和主副食品的仓库应分别设置,其库容量不应少于两个补给周期所耗的用量。

Ⅶ.设在岛屿上的灯塔应根据当地的水文、气象和地形条件,分别在两个不同的方向各自设置简易登陆设置、必要的装卸设备和航标补给船的锚地。当水路补给十分困难且条件许可时,可设置供直升机起降的场地。

Ⅷ.设在岛屿上的无人看守灯塔,应设置临时待避房屋、储藏室和靠船登陆设施。条件许可时可装设遥控装置。

无线电助航设施的设置,应根据我国沿海无线电导航系统和船舶的装备现状,充分利用现有的无线电导航系统。当现有系统不能满足船舶接近和进入港口的精度要求时,应采取调整配组、增补台站或相应的其他技术措施。

在进出港口门、航道转向点和其他重要部位,应根据需要和能源条件,可与视觉航标同时设置,也可单独设置雷达指向标、雷达应答器或雷达反射器。相邻雷达应答器的编码信号应有明显区别。在浮标或水上固定标志上加装雷达反射器时,不应改变原有规定的标身和顶标特征。

当需要设置音响航标时,影像航标宜与视觉航标共同设置。在灯塔或航道进口灯船上可设置雾号;在防波堤或导流堤的堤头可设置小型雾号;在航道关键部位的浮标上可设浪动音响装置。

岸上的助航设施,宜采用岸电。灯塔和无线电助航设施等重要设施,应同时配置备用发电机组。无岸电供应时,对能耗大的设施,应配置发电机组和备用发电机组;对能耗小的设施,宜用电池组供电,有条件时,可利用自然能源。

水上的助航设施,宜采用电池组供电。对因风浪较大,补给困难的设施,应增加能源储量。有条件时,可采用自然能源。

无人看守的发光标志可安装日光开关。

根据助航设施的种类和数量应设置相应的管理和维护设施,并适当留有发展余地。

航标管理和维护设施的基本项目可包括修理间、设备器材库、浮标场地、起吊装运设备、航标工作船艇、码头、通信设施和管理及生活用房等。各项设施宜集中设置。

浮标场地应毗邻航标船码头。场地面积应能容纳规定数量的备用浮标,并满足浮标维修的需要。

b. 码头水工

施工期和使用期应对地基进行检验和监测,检验和监测项目、方法等应符合现行行业标准《水运工程水工建筑物原型观测技术规范》(JTJ 218)的有关规定。

港口工程混凝土结构设计,应根据破坏后果的严重程度,选用结构的安全等级。

水运工程建筑物抗震设计,应采用《中国地震烈度区划图(1990)》确定的基本烈度为设计烈度。对次生灾害严重或特别重要的水运工程建筑物以及高烈度区,应作危险性分析,当需要采用高于或低于基本烈度作为设计烈度时,应经批准。

施工期可不考虑地震作用;船闸检修情况宜按设计烈度降低一度进行验算。码头应设置固定沉降、位移观测点,并应符合现行行业标准《港口设施维护技术规程》(JTJ/T 289)和《水运工程水工建筑物原型观测技术规范》(JTJ 218)的有关规定执行。

c. 系船设备

系船设备应根据泊位功能、码头结构形式、设计船型、水位变幅和风浪流等情况进行设计。系船设备应满足船舶靠离码头、停泊、移泊和调头等作业安全可靠和使用方便的要求。系船设备布置应避免对码头作业产生干扰。

系船柱可分为普通系船柱和风暴系船柱。普通系船柱的布置应结合泊位功能、码头结构形式及结构分段等综合考虑,并应符合下列规定。系船柱布置间距应满足船舶系泊作业需要。系船柱中心至码头前沿线的距离宜为 500 ~ 1 200mm。对独立系缆墩，系船柱可根据受力和使用要求布置。

船舶首、尾缆水平投影与船舶纵轴所成的夹角宜为 30° ~ 45°,但不得小于 25°。

内河直立式码头应根据水位变幅和船型大小分层设置系船柱,层高宜取 3 ~ 4m。

当风暴条件下有系船要求时,应设置风暴系船柱。风暴系船柱宜设在泊位两端距码头前沿线较远处,且不应影响码头正常装卸作业。

系船柱底盘的上表面宜与码头面齐平。系缆力标准值应按现行行业标准《港口工程荷载规范》(JTJ 215)的有关规定确定。系船柱应由柱壳、锚杆、螺母、垫圈、锚板和柱心填料等组成。系船柱可根据使用要求选用单挡檐型、羊角型或全挡檐型。系船柱檐宽及脖高应满足带缆和解缆作业方便的要求。系船柱柱壳可采用铸铁或铸钢,当系缆力较大时宜采用铸钢。柱壳宜采用 HT200 铸铁或 ZG230-ZG450 铸钢。锚杆宜采用 Q235 钢材。系船柱柱颈截面,除应满足强度要求外,尚应满足铸造工艺要求,并应考虑磨损和锈蚀厚度。锚杆最大拉力值应按底盘混凝土基础受拉区锚杆承受全部拉力,受压区混凝土承受全部压力的原则进行计算,同时应对底盘基础受压区混凝土进行承载力验算。

d. 防冲设备

码头应设置防冲设备。防冲设备应根据其适用条件、码头结构形式、靠泊船型和靠泊方式及安装、使用和维修要求等,通过技术经济比较后确定。

根据使用要求,防冲设备可采用固定式、漂浮式或转动式护舷。护舷按材料可分为橡胶护舷、轮胎护舷、聚氨酯护舷、木护舷和钢护舷等。

橡胶护舷可用于任何形式任何吨级的码头;轮胎护舷可用于 300t 级以下的中、小型码头;木护舷可用于 1 000t 级以下的小型码头;钢护舷可用于特定条件下的码头。

根据使用要求,橡胶护舷可选用压缩型、充气型或充填泡沫型。橡胶护舷的布置应综合考虑靠泊船舶的类型和尺度、靠泊方式、码头结构形式、水位变幅和使用要求等因素,并应满足下列要求。橡胶护舷的布置应保证船舶在各种水位和不同吃水条件下的安全靠泊。橡胶护舷沿码头前沿立面竖向的布置,对停靠船舶吨级相近的大型码头,可间断布置;对停靠船舶吨级差别大的码头,宜连续布置;对水位变幅大设置多层系靠船结构的码头,宜分层布置;根据使用要求,亦可设置漂浮式护舷。

宜等间距布置,高桩码头宜在排架上布置,墩式码头宜在靠船墩上对称布置。

橡胶护舷沿码头前沿立面水平向布置的间距,应保证护舷达到设计压缩变形量时,船舶靠离不会撞到相邻护舷间的码头结构物。岸壁式码头、高桩码头的端部和墩式码头靠船墩的端部宜设置橡胶护舷。

橡胶护舷选型设计应考虑下列作用:

Ⅰ. 船舶靠岸时对护舷的撞击作用;

Ⅱ. 系泊船舶在波浪作用下对护舷的撞击作用;

Ⅲ.船体纵横移、横摇及升沉等三维运动对护舷产生的剪切、弯扭和挤压作用。

橡胶护舷选型应符合下列规定：

船舶撞击一个或多个橡胶护舷，护舷达到设计压缩变形量时，总吸能量应大于船舶靠泊时的有效撞击能量。船舶撞击一个或多个橡胶护舷，护舷达到设计压缩变形量时，总反力应小于码头结构的容许反力。橡胶护舷的面压值应小于船舶舷侧板的容许面压力值。橡胶护舷应满足抗剪切要求。

对压缩型橡胶护舷，当船舶斜向靠泊时，应根据靠船角度，对护舷的吸能量和反力进行折减。

船舶靠泊或系泊时的有效撞击能量应按现行行业标准《港口工程荷载规范》(JTJ 215)的有关规定计算。

船舶舷侧板的容许面压力宜根据船舶结构确定。当缺乏资料时，货船可取0.34～0.40MPa，大型油船可取0.20～0.40MPa。

对半圆形、拱形和鼓形等护舷，当船舶同时撞击多个护舷时，护舷反力应按多个护舷总反力考虑。当护舷面压力或剪切力较大时，可在护舷外表面加设防冲。

对滚装船和车客渡船码头，应根据船舶外形、靠泊方式和码头受力状况，进行护舷的选型和布置。

橡胶护舷附属配件的设置应满足下列要求：

Ⅰ.护舷的附属配件不触及靠泊船舶；

Ⅱ.护舷锚固和吊架系统结构简单、坚固；

Ⅲ.护舷锚固和吊架系统构件耐腐蚀、易维护和便于更换；

Ⅳ.与护舷配套的螺栓、螺母、链索、卡具和铁件，其规格、材质及耐久性满足使用要求，施工、安装前进行防腐蚀处理。

橡胶护舷安装应满足下列要求：

Ⅰ.固定式护舷的底面与码头结构面紧密接触，螺母满扣拧紧；漂浮式护舷在靠泊或系泊船舶作用下，始终处于码头的前沿立面；

Ⅱ.充气型橡胶护舷在安装使用前进行气密性试验；

Ⅲ.采用定位板安装护舷预埋件。

轮胎护舷可采用旧轮胎制作。

1 000t级以下的码头可采用9.00－20型填料轮胎、11.0－20型或12.0－20型空心轮胎；1 000～3 000t级的码头应采用尺寸不小于14.0－20型的空心轮胎。

轮胎护舷可单层布置；对水位变幅大的码头，亦可多层布置。

轮胎护舷可采用单轮胎螺栓垫板固定法、单轮胎锚链固定法和多轮胎锚链悬挂法等方式进行安装。

轮胎护舷的预埋锚链拉环不应突出码头前沿，预埋锚筋的直径不应小于30mm，锚链链径不应小于9mm。轮胎护舷内的填料应具有韧性和耐腐蚀性。固定螺栓应避免碰撞船舶。

e. 其他设施

Ⅰ. 爬梯和阶梯

根据需要,可在码头两端和中间设置爬梯。爬梯宜设置在码头前沿临水面的凹槽内或端部的侧面,凹槽深度可取300~400mm,宽度不宜小于600mm。当爬梯突出码头前沿临水面时,爬梯与岸壁间距宜取150~200mm。爬梯可采用钢质或橡胶材料。爬梯宽度不应小于500mm,横杆间距宜取250~300mm,爬梯下端不应高于设计低水位0.5m。爬梯应在码头面上设置扶手,并不应影响系、带缆作业。

中、小型码头的爬梯可采用链式爬梯。

内河水位变幅大的码头,各层系靠船平台间应设置斜爬梯。爬梯与水平面之间的夹角不宜大于50°。爬梯的宽度不应小于700mm,两侧应设护栏,护栏高度为700~1 000mm。爬梯踏步宽度不应小于200mm。爬梯人孔宽度宜取900~1 200mm,长度宜取1 500~2 200mm,人孔宜设栏杆。

上下人员频繁的小型码头,宜在码头前沿或端部不影响装卸作业的地段设置阶梯。

斜坡式缆车客运码头应设置阶梯通道,斜坡式货运码头应设置阶梯人行通道。

阶梯宽度应根据交通量大小确定,货运码头可取700~2 000mm,客运码头可取2 000~5 000mm。踏步高度宜取150~200mm,宽度宜取250~300mm。踏步应采用糙面。

水位变幅大的码头,应根据需要设置中间平台,平台的宽度宜取1 500mm。

Ⅱ. 护轮槛、系网环和护栏

码头边缘宜设置护轮槛。护轮槛可采用连续式或非连续式,需要时亦可采用活动式。其断面形状可采用直角形、外坡形和内坡形。

系船柱底盘与码头面齐平时,护轮槛应在系船柱附近断开,断开的长度应根据设计船型及系缆角度确定,可取1 500~4 000mm。系船柱底盘与护轮槛的顶面齐平时,护轮槛可连续布置。护轮槛高度可取150~300mm,底部宽度可取300~400mm。护轮槛的底部应设置坡向临水侧的排水孔,间距宜为5 000~10 000mm,直径宜为50~80mm。根据需要可在码头前沿护轮槛顶面设置旗杆孔,间距宜为1 000~2 000mm,直径宜为50mm。护轮槛应涂刷醒目的标志。护轮槛可采用钢板护角,断开端部可采用圆弧形钢板全包防护。

码头引桥、操作平台、靠船墩、系船墩和码头其他需要防护的地方,宜设置固定式或活动式护栏,且不应影响装卸作业。护栏可采用钢结构或钢筋混凝土结构,高度宜取1 000~1 200mm。开敞式油码头作业平台前沿设置护栏时,护栏高度不宜大于500mm。护栏的立柱间距宜为1 500~2 000mm。当采用钢结构护栏时,扶手横栏和立柱钢管直径应通过计算确定,并不宜小于48mm。下横栏钢管的直径不宜小于30mm,采用拉链时,链径不宜小于8mm。

码头上应设置下列明显的安全警示标志:

- 限制荷载标志;
- 非作业车辆停泊标志;
- 码头行车道标志;
- 接电箱、上水栓井盖识别标志。

拖缆槽宜采用双槽,槽深宜为100mm。槽底应设排水孔,排水孔间距宜为5 000 ~ 10 000mm,直径不宜小于50mm。拖缆槽边角应采用钢包。

斜坡码头缆车道顶端宜设置缆车保护装置。缆车道和坡顶内侧的缆绳沟内应设置钢丝绳托辊,托辊纵向间距可取1 500 ~ 3 000mm。缆车道坡顶应设置缆车检修系绳装置。

③道路(布置、技术指标、标志)的相关要求。

a. 道路布置基本要求

港口道路是港口疏运的重要设施之一,其布置方式直接影响到港口的通过能力。为保证道路畅通,避免交通堵塞,满足装卸工艺对道路的使用要求,本条对港口道路布置的要求做了规定。

港口道路与各级公路及高速公路、一级公路除外的其他道路交叉时,因车速及交通量相对较低,宜采用平面交叉。

根据港口调查,港口道路与道路的交叉口,一般都大于45°。港口道路与铁路平面交叉时,交叉角不宜小于45°,在码头前方作业地带,当受地形条件限制时,交叉角可适当减小,以利减少库场面积损失。

码头前方仓库区平交道口很多,目前各港在该地段,一般也不在每个道口设看守。只在道口设有灯、铃等设施进行交通管制。

高速公路、一级公路车速高、车流量大,为减少道路交叉时的行车干扰,港口道路与上述道路交叉时,应采用立体交叉。

为保证行人安全,减少人流与车流的干扰,可设置人行天桥或地道。具体设置条件未作规定,根据总平面布置情况,由设计者考虑。

道路路面类型应根据通行车辆、流动机械对道路的使用要求以及当地自然条件、筑路材料等进行选择。

港口道路宜采用高级或次高级路面,交通运输量不大的道路,可采用中级路面。

b. 技术指标

港口道路路面宽度,遇下列情况可加宽:

Ⅰ. 在混合交通量较大路段,根据实际情况适当加宽路面或分设慢车道、人行道;

Ⅱ.港口货运车流与客运车流使用同一条道路时,路面宽度根据客运车流情况适当加宽;

Ⅲ.港区主要出入口内外路段,根据使用要求适当加宽路面。

港口道路宜采用高级或次高级路面,交通运输量不大的道路可采用中级路面。

汽车地磅房宜设置在过磅汽车主要方向的右侧,临近港区大门处,并应离主干道路口有一定距离。地磅房进车端的平直段长度不应小于1倍车长。汽车进出地磅房前后弯道,路面内边缘转弯半径不宜小于12m,困难条件下不应小于9m。

c.标志

道路应具有良好的瞭望条件,并应满足国家现行标准规定的视距要求。当不能满足视距要求时,港外道口及港内交通繁忙的道口应设置看守,码头前方或库场作业地带的道口,应设置报警、色灯信号。

港区道路、铁路交叉道口,应按GB 6389的要求设置警告标志及防护设施。港区所有危险场所、安全设施与装置、工业管道、安全标志等均应按GB 2893、GB 2894及GB 6527.2的规定涂色、标示。

(2)按照国家有关规定配足有效的安全、消防、救生设备及器材。

①厂区布置

机械设备的造型应优先采用安全可靠、劳动危害小、操作维修保养方便的产品,并应具备可靠的安全防护装置。

在有高压、高温、高电压等生产场所,应配备专用相应的标志、报警装置和安全防护设施。

设备布置应留有安全通道和检修位置,工作地面应平整不湿滑。

②防火防爆

可能引起燃烧和爆炸的场所,必须有防火防爆及泄爆措施。

如有可燃气体、毒气、粉尘或其他易燃易爆物质,应根据不同性质采取相应的预防措施,并根据具体情况配置监测、报警、防爆、泄压装置及消防安全设施。

有火灾爆炸危险的建筑物内应设两个以上的安全出口,其中至少有一个通向非爆炸危险区域,出口处应有明显指示标志,标志应符合GB 13495中的有关规定。

空气压缩机和油泵应配备单向阀、泄压阀、压力指示等安全装置。

有火灾爆炸危险的场所、变(配)电所、电气设备及电气线路的设计应符合GB 50058的要求。港区内加油站的设计应符合GB 50156的有关要求。

③电气设施

变(配)电所的位置应尽量避开粉尘及腐蚀性气体的影响,如无法避开时,变(配)电所应有防尘、防腐蚀性气体影响的设施。

港口重要场所的供电采用双回路供电或其他保证供电形式。

在所有可能由于电压、故障电流、泄漏电流或类似作用而发生危险的地方，必须留有足够的电气间隙、爬电距离。电力装置(变压器等)及用电设备(电动机等)不带电的外露导电部分必须采取相应的保护接点或保护接零。

35kV 及以上变电所接地网边缘经常有人出入的地方，应铺设砾石、沥青路面或在地下敷设两条与接地网相连的帽檐式均压带。35kV 及以上的总降压变电所应有可靠的通讯设施与有关部门联络。

凡有可能引起误操作的高压电气设备，均应装设防误操作装置。

多台变压器分列运行时母线联络断路器与相应的电源进线断路器之间应有电气联锁。集中控制的电动机、多台连锁控制的电动机，应有可靠的开车信号，机旁应设有单机开、停按钮。

电气设备工作环境的安全要求为：

a. 在易燃、易爆或有腐蚀性气体的场所应采取防爆或防腐蚀型的电机、电器。

b. 在潮湿或多粉尘的工作场所，应采用防水、防尘、封闭型电机和电器。

c. 露天安装的电机、电器、配电箱，应装有防雨设施。

d. 安装在机械车辆通行地带的配电箱、电气设备和照明灯杆的底部，应有防冲撞设施。

e. 变电所应根据负荷等级设置相应的避雷系统。

f. 港区电缆敷设及电缆井盖应不妨碍流动机械作业，不影响维修、保养、清扫作业。

g. 电缆沟、电缆隧道应有防水、排水设施，电缆隧道的设计应符合 GB J54 的要求。

④特种设备安全管理

工业锅炉及锅炉房应满足国务院《锅炉压力容器安全监察暂行条例》和原劳动部《蒸汽锅炉安全技术监察规程》、《热水锅炉安全技术监察规程》及 GB J41 等有关规范和规定的要求。

空压机房及存放氧气瓶、乙炔瓶等压力容器的场所，应根据 TSG 有关标准的要求进行设计。

⑤静电防护

凡能产生、积聚静电的设备、管道等均应可靠接地。间接接地时，应在金属导体与非金属静电导体或静电亚导体之间加设金属箔，或涂导电性涂料等，以减小接触电阻。

静电导体与大地间的总泄漏电阻值不得大于 $10^6\Omega$，每个静电接地电阻值不得大于 $100\Omega$。

工作场所空间粉尘浓度不得超过 $8mg/m^3$，除尘器排放口粉尘浓度不得超过 $150 mg/m^3$，作业流程中产尘点的粉尘浓度应不超过 $4g/m^3$。除尘系统的设计应满足吸风量与净化空气要求，力求布置合理、管路短、维修方便，所有通风管道都应在一定间隔处设置清扫口。

⑥码头前沿的作业地带和行车通道

使用船舶起货机或流动起重作业的码头,前方作业地带宽度根据泊位通过能力、水平运输机械的类型、作业方式等确定,海港一般为 15 ~ 25m;内河港口可适当减少为 6 ~ 12m;平行于码头前沿的前方道路(包括货物交接地带)的宽度应根据流动机械的流量和车船直取比例的不同确定,海港一般取 15 ~ 25m,内河港口不少于 12m。

(3)设有覆盖安全重点部位视频监控设备,并保持实时监控

厂区内的安全装置的指示信号或声响报警信号应便于有关人员直接视听。出入停车场、客运大厦、办理售票、换证、托运、登船、边检等通关手续处、登船通道处应该设有必要的重点部位视频监控设备。

(4)设有应急通道

出入口、停车场、客运大厦、登船通道均应按 GB 8197、GB 4053.1 ~ 4053.4 的要求设置防护屏、钢直斜梯、防护栏杆和作业钢平台。

地面、墙柱、空中设绿色通道标识,紧急通道和出入口,应设置符合 GB 13495 规定的标志。

(5)按规定设置宣传告示设备、安全警告标志、指示牌

在有高压、高温、高电压等生产场所,应配备相应的标志、报警装置和安全防护设施。

码头上应设置下列明显的安全警示标志:

①限制荷载标志;

②非作业车辆停泊标志;

③码头行车道标志;

④接电箱、上水栓井盖识别标志。

### 7.1.3 企业工作思路及关注的重点

这部分是对企业生产作业外部环境安全条件的基本要求,应按标准规范的规定进行设置和完善。

### 7.1.4 解析依据

1) 法律、法规、规章

(1)《仓库防火安全管理规则》(公安部令〔1990〕第 6 号);

(2)《港口消防监督实施办法》(交通部令〔1988〕第 2 号);

(3)《河港工程设计规范》(GB 50192—93)。

2) 行业标准

(1)《海港总平面设计规范》(JTJ 211—99);

(2)《港口工程地基规范》(JTS 147-1—2010);

(3)《港口工程混凝土结构设计规范》(JTJ 267—98);

(4)《码头附属设施技术规范》(JTJ 297—2001);

(5)《水运工程抗震设计规范》(JTJ 225—98);

(6)《高桩码头设计与施工规范》(JTS 167-1—2010);

(7)《港口工程劳动安全卫生设计规定》(JT 320—97);

(8)《港口防雷与接地技术要求》(JT 556—2004)。

## 7.2 设备

### 7.2.1 考核要点

交通运输部制定的《港口客运(滚装、渡船渡口)码头企业安全生产达标考评指标》中规定,第六大要素"装备设施"的第二个考核要点"设备"按照以下内容进行考核:

(1)**配备满足需要的易燃易爆危险品监测设备,并按要求投入使用;滚装码头安装大型车辆安检设备(一级必备条件);**

(2)趸船、港作拖轮、起重装卸设备、车辆、压力容器等符合相关安全规范和技术要求,设备及操作人员证书齐全有效;

(3)按规定对设施设备定期检验,检验证书合法有效;

(4)定期进行维护保养,设备技术状况良好;

(5)指定专人对特种设备进行管理;

(6)建立并规范设备管理台账。

### 7.2.2 考核要点解析

1)*考核要点分解*

为方便企业充分认识该考核内容的内涵,有针对性地开展相关标准化建设工作,依据国家相关法律法规、标准规范、规章制度对上述考核内容进行分解,主要包括以下6个方面:

(1)码头应配备满足需要的易燃易爆危险品监测设备,按要求投入使用及固定,并满足便携式可燃、有毒气体检测报警仪的相关要求。

(2)趸船、港作拖轮、起重装卸设备、车辆、压力容器等符合相关安全规范和技术要求,设备及操作人员证书齐全有效。

①趸船、港作拖轮、起重装卸设备、车辆、压力容器的安全规范要求。

②操作人员的安全规范要求。

(3)按规定进行定期检验,检验证书合法有效。

港口码头上述设备的检验要求。

(4)定期进行维护保养,设备技术状况良好。

设备维护和保养的要求。

(5)指定专人对特种设备进行管理。

①特种设备作业人员设置要求;

②企业特种设备的安全管理。

(6)建立并规范设备管理台账。

有关设备管理台账的法律、法规、标准、规范依据。

2) *内容及要求*

(1)码头应配备满足需要的易燃易爆危险品监测设备,按要求投入使用并应设置相应的安全和应急设施。

(2)趸船、港作拖轮、起重装卸设备、车辆、压力容器等符合相关安全规范和技术要求,设备及操作人员证书齐全有效。

①趸船、港作拖轮、起重装卸设备、车辆、压力容器的安全规范要求。

斜坡式码头或浮码头的趸船,其平面尺度应根据靠泊的船型、装卸工艺、趸船设备、堆货情况等因素选用。

内河客运码头趸船应设信号杆,配备夜间靠泊信号灯等,趸船主甲板里、外挡及栈桥与趸船连接应有防护设施,趸船二层甲板应设有升降梯(平台)。

起重机械安全规程应按 GB 6067.1—2010 设计、制造、安装。

机动工业车辆安全规程应按 GB 10827—1999 设计、制造、安装。

②相关设备、设施操作人员的安全规范要求

生产经营单位的特种作业人员必须按照国家有关规定经专门的安全作业培训,取得特种作业操作资格证书,方可上岗作业。

特种作业人员的范围由国务院负责安全生产监督管理的部门会同国务院有关部门确定。

(3)按规定进行定期检验,检验证书合法有效

港口码头相关设备的检验要求按照《起重机械使用管理规则》(TSG Q5001—2009)、《压力容器定期检验规则》(TSG R7001—2004)、《锅炉安装监督检验规则》(TSG G7001—2004)、《港口设备安装工程质量检验标准》(JTJ 244—2005)执行。

(4)定期进行维护保养,设备技术状况良好

新型港机投产前,必须编制有关使用操作规程和维修保养规定,建立单机技术档案。

安全设备的使用、检测、维修、改造和报废,应符合国家标准或者行业标准。

生产经营单位必须对安全设备进行经常性维护、保养,并定期检测,保证正常运转。维护、保养、检测应作好记录,并由有关人员签字。

(5)指定专人对特种设备进行管理

①特种设备作业人员设置要求

起重机械、压力容器、厂内机动车辆、电梯等特种设备的运营使用单位在投入使用前,应配备经专业机构培训、考核合格的特种设备作业人员。

②企业特种设备的安全管理

特种设备生产、使用单位应建立健全特种设备安全、节能管理制度和岗位安全、节能责任制度。

特种设备生产、使用单位的主要负责人应对本单位特种设备的安全和节能全面负责。

特种设备生产、使用单位和特种设备检验检测机构,应接受特种设备安全监督管理部门依法进行的特种设备安全监察。

特种设备在投入使用前或者投入使用后30日内,特种设备使用单位应向直辖市或者设区的市的特种设备安全监督管理部门登记。登记标志应置于或者附着于该特种设备的显著位置。

起重机械、压力容器、厂内机动车辆、电梯等特种设备的运营使用单位在投入使用前,应进行试运行和例行安全检查,并对安全装置进行检查确认。应将安全注意事项和警示标志置于易引起注意的显著位置。

特种设备使用单位应建立特种设备安全技术档案。安全技术档案应包括以下内容:

a. 特种设备的设计文件、制造单位、产品质量合格证明、使用维护说明等文件以及安装技术文件和资料;

b. 特种设备的定期检验和定期自行检查的记录;

c. 特种设备的日常使用状况记录;

d. 特种设备及其安全附件、安全保护装置、测量调控装置及有关附属仪器仪表的日常维护保养记录;

e. 特种设备运行故障和事故记录;

f. 高耗能特种设备的能效测试报告、能耗状况记录以及节能改造技术资料。

特种设备使用单位应对在用特种设备进行经常性日常维护保养,并定期自行检查。

特种设备使用单位对在用特种设备应至少每月进行一次自行检查,并作出记录。特种设备使用单位在对在用特种设备进行自行检查和日常维护保养时发现异常情况的,应及时处理。

特种设备使用单位应对在用特种设备的安全附件、安全保护装置、测量调控装置及有关附属仪器仪表进行定期校验、检修,并作出记录。

特种设备投产前,必须编制有关使用操作规程和维修保养规定,建立单机技术档案。

(6)建立并规范设备管理台账

①有关设备管理台账的法律、法规、标准、规范依据

港机经验收合格,应建立“港机设备登记卡”,其内容如下:

a. 名称、型号和规格;

b. 产地或者制造厂;

c. 出厂、动力、底盘、机械和固定资产编号;

d. 出厂、购置和启用日期;

e. 规定使用年限和购置全值(原值);

f. 主要技术参数;

g. 主要图纸目录。

新型港机投产前,必须编制有关使用操作规程和维修保养规定,建立单机技术档案。

港口企业应从港机购置到报废的全过程建立完整的单机技术资料(可以为单机履历册或者单机台账)。单机技术资料应认真填写,妥善保管,不得任意更改。

②特种设备安全技术档案

企业应做好特种设备安全技术档案,具体内容包括:

a. 特种设备的设计文件、制造单位、产品质量合格证明、使用维护说明等文件以及安装技术文件和资料;

b. 特种设备的定期检验和定期自行检查的记录;

c. 特种设备的日常使用状况记录;

d. 特种设备及其安全附件、安全保护装置、测量调控装置及有关附属仪器仪表的日常维护保养记录;

e. 特种设备运行故障和事故记录;

f. 高耗能特种设备的能效测试报告、能耗状况记录以及节能改造技术资料。

### 7.2.3 企业工作思路及关注的重点

客运码头应配备必要的防护用品;涉及特种设备的主要是起重机械和运输机械,要做好定期检验、登记注册以及日常维护保养,保持设备技术状况良好的工作。

### 7.2.4 解析依据

1) *法律、法规、规章*

(1)《中华人民共和国安全生产法》(中华人民共和国主席令〔2002〕第70号);

(2)《仓库防火安全管理规则》(公安部令〔1990〕第6号);

(3)《港口消防监督实施办法》(交通部令〔1988〕第2号);

(4)《特种作业人员安全技术培训考核管理规定》(国家安全生产监督管理总局令〔2010〕第30号);

(5)《港口装卸机械管理规定》(交通部令〔1998〕第1号);

(6)《特种设备安全监察条例》(国务院令〔2009〕第549号)。

2) 国家标准

(1)《河港工程设计规范》(GB 50192—93);

(2)《起重机械安全规程　第1部分　总则》(GB 6067.1—2010);

(3)《建筑设计防火规范》(GB 50016—2006);

(4)《用电安全导则》(GB/T 13869—2008)。

3) 行业标准

(1)《海港总平面设计规范》(JTJ 211—99);

(2)《港口工程地基规范》(JTS 147-1—2010);

(3)《港口工程混凝土结构设计规范》(JTJ 267—98);

(4)《码头附属设施技术规范》(JTJ 297—2001);

(5)《水运工程抗震设计规范》(JTJ 225—98);

(6)《高桩码头设计与施工规范》(JTS 167-1—2010);

(7)《港口工程劳动安全卫生设计规定》(JT 320—97);

(8)《港口货物堆垛要求》(JT/T 706—2007);

(9)《港口防雷与接地技术要求》(JT 556—2004);

(10)《起重机械使用管理规则》(TSG Q5001—2009);

(11)《压力容器定期检验规则》(TSG R7001—2004);

(12)《锅炉安装监督检验规则》(TSG G7001—2004);

(13)《港口设备安装工程质量检验标准》(JTJ 244—2005)。

## 7.3 电气安全管理

### 7.3.1 考核要点

交通运输部制定的《港口客运(滚装、渡船渡口)码头企业安全生产达标考评指标》中规定,第六大要素“装备设施”的第三个考核要点“电气安全管理”按照以下内容进行考核:

按照国家相关法律法规规范码头电气安全管理。

### 7.3.2 考核要点解析

1) 要点分解

电气安全管理的要求。

2) 内容及要求

按照《供配电系统设计规范》(GB 50052—2009)、《10kV 及以下变电所设计规范》

(GB 50053—94)、《35~110kV 变电所设计规范》(GB 50059—92)、《港口装卸机械电气安全规程》(JT/T 622—2005)、《港口装卸机械电气设备安装及检测规范》(JT/T 93—2008)、《用电安全导则》(GB/T 13869—2008)、《爆炸和火灾危险环境电力装置设计规范》(GB 50058—92)、《港口防雷与接地技术要求》(JT 556—2004)的相关要求进行港口的用电安全管理。

### 7.3.3 企业工作思路及关注的重点

根据港口通用码头作业特点,电气系统设备设施的防潮、防腐蚀应成为关注的重点,除设计、安装有针对性的措施外,应加强日常巡视检查、维护保养、检验监测等安全管理工作,确保电气系统导通良好、绝缘良好,防止发生事故。

### 7.3.4 解析依据

(1)《供配电系统设计规范》(GB 50052—2009);
(2)《10kV 及以下变电所设计规范》(GB 50053—94);
(3)《35~110kV 变电所设计规范》(GB 50059—92);
(4)《爆炸和火灾危险环境电力装置设计规范》(GB 50058—92);
(5)《用电安全导则》(GB/T 13869—2008);
(6)《港口装卸机械电气安全规程》(JT/T 622—2005);
(7)《港口装卸机械电气设备安装及检测规范》(JT/T 93—2008);
(8)《港口防雷与接地技术要求》(JT 556—2004)。

# 8　科技创新和信息化

## 8.1　科技创新及应用

### 8.1.1　考核要点

交通运输部制定的《港口客运(滚装、渡船渡口)码头企业安全生产达标考评指标》中规定,第七大要素“科技创新和信息化”的第一个考核要点“科技创新及应用”按照以下内容进行考核:

(1)使用先进的、安全性能可靠的新技术、新工艺、新设备和新材料,优先选购安全、高效、节能的先进设备;

(2)组织开展安全生产科技攻关或课题研究;

(3)设有安全生产管理系统或平台;

(4)应用现代科技手段,提升安全管理水平。

### 8.1.2　考核要点解析

1) *考核要点分解*

为方便企业充分认识该考核内容的内涵,有针对性地开展相关标准化建设工作,依据国家相关法律法规、标准规范、规章制度对上述考核内容进行分解,主要包括以下3个方面:

(1)按相关规定在经济条件允许的情况,优先选购安全、高效、节能的先进设备。

(2)设有安全生产管理系统。

(3)设有其他的安全监管信息系统。

①港口设施保安监管系统;

②消防监管系统;

③生产运行调度系统;

④设备检修管理系统等。

2) *内容及要求*

(1)选购设备的常规要求

按相关规定在经济条件允许的情况下,优先选购安全、高效、节能的先进设备。

港口选购设备的常规要求参照《港口装卸机械管理规定》(交通部令〔1998〕第1

号)、《生产设备安全卫生设计总则》(GB 5083—1999)和《生产过程安全卫生要求总则》(GB/T 12801—2008)中的相关规定执行。

(2)设有安全生产管理系统

安全生产法中规定生产经营单位必须遵守本法和其他有关安全生产的法律、法规,加强安全生产管理,建立、健全安全生产责任制度,完善安全生产条件,确保安全生产。

生产经营单位使用的涉及生命安全、危险性较大的特种设备,以及危险物品的容器、运输工具,必须按照国家有关规定,由专业生产单位生产,并经取得专业资质的检测、检验机构检测、检验合格,取得安全使用证或者安全标志,方可投入使用。检测、检验机构对检测、检验结果负责。

生产经营单位对重大危险源应登记建档,进行定期检测、评估、监控,并制定应急预案,告知从业人员和相关人员在紧急情况下应采取的应急措施。

生产经营单位的安全生产管理人员应根据本单位的生产经营特点,对安全生产状况进行经常性检查;对检查中发现的安全问题,应立即处理;不能处理的,应及时报告本单位有关负责人。检查及处理情况应记录在案。

### 8.1.3 企业工作思路及关注的重点

应在健全安全生产管理体系的基础上,将安全生产管理纳入企业管理系统中,实现信息化,包括设备设施的日常维护、检修保养、巡视监控以及港口设施保安和消防系统等,并不断更新、改进。

### 8.1.4 解析依据

1) 法律、法规、规章

(1)《中华人民共和国安全生产法》(中华人民共和国主席令〔2002〕第70号);

(2)《特种设备安全监察条例》(国务院令〔2009〕第549号);

(3)《港口装卸机械管理规定》(交通部令〔1998〕第1号);

(4)《中华人民共和国港口设施保安规则》(交通部令〔2007〕第10号);

(5)《港口装卸机械管理规定》(交通部令〔1998〕第1号);

(6)《中华人民共和国船舶交通管理系统安全监督管理规则》(交通部令〔1997〕第8号)。

2) 国家标准

(1)《生产设备安全卫生设计总则》(GB 5083—99);

(2)《生产过程安全卫生要求总则》(GB/T 12801—2008);

3) 行业标准

(1)《港口工程劳动安全卫生设计规定》(JT 320—97);

(2)《海港总平面设计规范》(JTJ 211—99)。

## 8.2 科技信息化

### 8.2.1 考核要点

交通运输部制定的《港口客运(滚装、渡船渡口)码头企业安全生产达标考评指标》中规定,第七大要素“科技创新和信息化”的第二个考核要点“科技信息化”按照以下内容进行考核:

(1)设有电子显示设备;

(2)设有其他的安全监管信息系统。

### 8.2.2 考核要点解析

1)考核要点分解

为方便企业充分认识该考核内容的内涵,有针对性地开展相关标准化建设工作,依据国家相关法律法规、标准规范、规章制度对上述考核内容进行分解,主要包括以下两个方面:

(1)设有网上订票、自助换票、通航信息告示、天气预报、旅客须知、登船、接船信息告示等;

(2)设有港口设施保安监管系统、出入门禁监管系统等。

2)内容及要求

(1)电子显示设备

客运码头应设有网上订票、自助换票、通航信息告示、天气预报、旅客须知、登船、接船信息等电子显示设备。

(2)设有其他的安全生产管理系统

①港口设施保安监管系统

港口设施经营人或者管理人应履行下列职责:

a. 负责制订《港口设施保安计划》和已批准计划的后续修订;

b. 实施经批准的《港口设施保安计划》;

c. 为港口设施保安主管履行职责提供必要的条件;

d. 在三级保安状态下,实施交通运输部发出的保安指令;

e. 收集、整理、分析并向有关部门提供港口设施保安信息;

f. 进行港口设施保安训练,参加港口设施保安演习。

港口设施经营人按照规定收取港口设施保安费。港口设施保安是港口安全管理的重要内容,应与港口生产经营统筹考虑,遵循节约、环保、资源共享的原则。

②消防监管系统

在涉及易燃易爆物质时,应根据不同性质采取相应的预防措施,并根据具体情况配置监测、报警、防爆、泄压装置及消防安全设施。

③运行调度系统

集中控制系统的各独立单机应设置与中控室应答的信号装置。中控室与独立控制点的联系,宜采用声光信号。当联系较频繁时,宜设置通信设备和广播系统。控制台面板的电气元件,应根据工艺和控制顺序要求进行布置。复杂的控制系统,宜设置模拟屏或用电子显示器。中控室中的微机应按工艺流程进行协调运转控制和监视,对各独立单机发出运转指令,同时进行在库管理。显示器应能实时动态地显示流程状态及故障情况。连续输送机械自动控制系统中各单机严禁自启动。

船舶交通管理的目的是增进交通安全,提高运输效率和保护环境。对某一确定水域,应综合考虑该水域的地理位置、自然条件、航行条件、船舶交通状况、航行危险程度以及船舶交通管理的发展需求等因素。

船舶交通管理系统设计,应因地制宜和实用可靠。

④设备检修管理系统等

港口企业若使用特种设备,使用单位应建立特种设备安全技术档案。安全技术档案应包括以下内容:

a. 特种设备的设计文件、制造单位、产品质量合格证明、使用维护说明等文件以及安装技术文件和资料;

b. 特种设备的定期检验和定期自行检查的记录;

c. 特种设备的日常使用状况记录;

d. 特种设备及其安全附件、安全保护装置、测量调控装置及有关附属仪器仪表的日常维护保养记录;

e. 特种设备运行故障和事故记录;

f. 高耗能特种设备的能效测试报告、能耗状况记录以及节能改造技术资料。

港口企业应建立健全港机管理综合体系,对港机的规划、选型、购置(或者设计、制造)、安装、验收、使用、维护、检修、改造直至报废实行全过程管理。港口企业应收集整理港机技术档案,并按有关规定分级归档保管。港机技术档案分为单机技术资料、按机种统计和归类的技术资料、机损事故的处理报告及其他综合性资料。

### 8.2.3 企业工作思路及关注的重点

企业应在健全安全生产管理体系的基础上,将其他安全生产管理纳入企业管理系统中,实现信息化,包括设备设施的日常维护、检修保养、巡视监控以及港口设施保安和消防系统等,并不断更新、改进。

### 8.2.4 解析依据

1) 法律、法规、规章

(1)《中华人民共和国安全生产法》(中华人民共和国主席令〔2002〕第70号);

(2)《特种设备安全监察条例》(国务院令〔2009〕第549号);

(3)《港口装卸机械管理规定》(交通部令〔1998〕第1号);

(4)《中华人民共和国港口设施保安规则》(交通部令〔2007〕第10号);

(5)《港口装卸机械管理规定》(交通部令〔1998〕第1号);

(6)《中华人民共和国船舶交通管理系统安全监督管理规则》(交通部令〔1997〕第8号)。

2) 国家标准

(1)《生产设备安全卫生设计总则》(GB 5083—99);

(2)《生产过程安全卫生要求总则》(GB/T 12801—2008)。

3) 行业标准

(1)《港口工程劳动安全卫生设计规定》(JT 320—97);

(2)《海港总平面设计规范》(JTJ 211—99)。

# 9 队伍建设

## 9.1 培训计划

### 9.1.1 考核要点

交通运输部制定的《港口客运(滚装、渡船渡口)码头企业安全生产达标考评指标》中规定,第八大要素“队伍建设”的第一个考核要点“培训计划”按照以下内容进行考核:

制定并实施年度及长期的继续教育培训计划,明确培训内容和年度培训时间。

### 9.1.2 考核要点解析

1)*考核要点分解*

为方便企业充分认识该考核内容的内涵,有针对性地开展相关标准化建设工作,依据国家相关法律法规、标准规范、规章制度对上述考核内容进行分解,主要包括以下两个方面:

(1)制定企业负责人、专兼职安全管理人员、新入职人员、全体员工继续教育和培训计划;

(2)实施继续教育计划的要求(如有教材、试卷、成绩统计、主管部门签发的证件)。

2)*内容及要求*

(1)制定企业负责人、专兼职安全管理人员、新入职人员、全体员工继续教育和培训计划。

生产经营单位主要负责人和安全生产管理人员应接受安全培训,具备与所从事的生产经营活动相适应的安全生产知识和管理能力。

(2)实施继续教育计划的要求(如有教材、试卷、成绩统计、主管部门签发的证件):

①生产经营单位主要负责人和安全生产管理人员初次安全培训时间不得少于32学时。每年再培训时间不得少于12学时。

②生产经营单位可以根据工作性质对其他从业人员进行安全培训,保证其具备本岗位安全操作、应急处置等知识和技能。

③生产经营单位实施新工艺、新技术或者使用新设备、新材料时,应对有关从业人员重新进行有针对性的安全培训。

④生产经营单位的特种作业人员,必须按照国家有关法律、法规的规定接受专门的

安全培训,经考核合格,取得特种作业操作资格证书后,方可上岗作业。

### 9.1.3 企业工作思路及关注的重点

要按照国家有关规定,对企业负责人、安全管理人员、从业人员特别是特种作业人员进行培训,这是企业安全生产的基本保障。

### 9.1.4 解析依据

《生产经营单位安全培训规定》(国家安监总局令〔2006〕第3号)。

## 9.2 宣传教育

### 9.2.1 考核要点

交通运输部制定的《港口客运(滚装、渡船渡口)码头企业安全生产达标考评指标》中规定,第八大要素"队伍建设"的第二个考核要点"宣传教育"按照以下内容进行考核:

组织开展安全生产的法律、法规和安全生产知识的宣传、教育。

### 9.2.2 考核要点解析

1) 要点分解

为方便企业充分认识该考核内容的内涵,有针对性地开展相关标准化建设工作,依据国家相关法律法规、标准规范、规章制度对上述考核内容进行分解,主要包括以下两个方面:

(1)组织开展安全生产的法律、法规和安全生产知识的宣传、教育;

(2)结合港口特点的各级安全教育培训内容。

2) 内容及要求

企业应组织开展安全生产的法律、法规和安全生产知识的宣传、教育。相关活动应结合港口特点的各级安全教育培训内容。

### 9.2.3 企业工作思路及关注的重点

结合安全生产的法律、法规要求和安全生产知识,大力开展宣传、教育工作,营造突出安全生产的企业文化氛围,是企业实现安全生产的必要条件。

### 9.2.4 解析依据

《生产经营单位安全培训规定》(国家安监总局令〔2006〕第3号)。

## 9.3 管理人员

### 9.3.1 考核要点

交通运输部制定的《港口客运(滚装、渡船渡口)码头企业安全生产达标考评指标》中规定,第八大要素“队伍建设”的第三个考核要点“管理人员”按照以下内容进行考核:

(1)**企业主要负责人和管理人员具备相应安全知识和管理能力,并取得行业主管部门培训合格证(三级必备项);**

(2)专(兼)职安全管理人员具备专业安全生产管理知识和经验,熟悉各岗位的安全生产业务操作规程,运用专业知识和规章制度开展安全生产管理工作,并保持安全生产管理人员的相对稳定。

### 9.3.2 考核要点解析

1)*考核要点分解*

(1)企业主要负责人和管理人员应具备相应安全知识和管理能力,并经行业主管部门培训合格。

(2)专(兼)职安全管理人员应具备专业安全生产管理知识和经验,熟悉各岗位的安全生产业务操作规程,运用专业知识和规章制度开展安全生产管理工作,并保持安全生产管理人员的相对稳定。

2)*内容及要求*

(1)企业主要负责人和管理人员应具备相应安全知识和管理能力,并经行业主管部门培训合格。

企业主要负责人和管理人员安全培训的要求:

①生产经营单位的主要负责人和安全生产管理人员必须具备与本单位所从事的生产经营活动相应的安全生产知识和管理能力。

②生产经营单位主要负责人和安全生产管理人员的安全培训必须依照安全生产监管监察部门制定的安全培训大纲实施。

(2)专(兼)职安全管理人员应具备专业安全生产管理知识和经验,熟悉各岗位的安全生产业务操作规程,运用专业知识和规章制度开展安全生产管理工作,并保持安全生产管理人员的相对稳定。

专(兼)职安全管理人员培训和考核的相关内容:

①国家安全生产方针、政策和有关安全生产的法律、法规、规章及标准;

②安全生产管理、安全生产技术、职业卫生等知识;

③伤亡事故统计、报告及职业危害的调查处理方法;

④应急管理、应急预案编制以及应急处置的内容和要求；

⑤国内外先进的安全生产管理经验；

⑥典型事故和应急救援案例分析；

⑦其他需要培训的内容。

### 9.3.3 企业工作思路及关注的重点

做好企业主要负责人和管理人员的安全培训，能更好地推动企业安全生产管理队伍的建设。

### 9.3.4 解析依据

(1)《中华人民共和国安全生产法》(中华人民共和国主席令〔2002〕第70号)；

(2)《生产经营单位安全培训规定》(国家安监总局令〔2006〕第3号)。

## 9.4 从业人员培训

### 9.4.1 考核要点

交通运输部制定的《港口客运(滚装、渡船渡口)码头企业安全生产达标考评指标》中规定，第八大要素"队伍建设"的第四个考核要点"从业人员培训"按照以下内容进行考核：

**(1)从业人员每年接受再培训，提高从业人员的素质和能力，再培训时间不得少于有关规定学时。未经安全生产培训合格的从业人员，不得上岗作业(二级必备项)；**

(2)转岗人员及时进行岗前培训；

(3)新技术、新设备投入使用前，对管理和操作人员进行专项培训。

### 9.4.2 考核要点解析

*1) 考核要点分解*

为方便企业充分认识该考核内容的内涵，有针对性地开展相关标准化建设工作，依据国家相关法律法规、标准规范、规章制度对上述考核内容进行分解，主要包括以下两个方面：

(1)从业人员每年应接受再培训，提高从业人员的素质和能力，再培训时间不得少于有关规定学时。未经安全生产培训合格的从业人员，不得上岗作业。

①上岗作业人员再培训的要求和内容；

②再培训规定的学时要求。

(2)新技术、新设备投入使用前，对管理和操作人员进行专项培训。

关于新技术、新设备的管理和操作人员应有专项培训的相关要求。

2) 内容及要求

(1)从业人员每年应接受再培训,提高从业人员的素质和能力,再培训时间不得少于有关规定学时。未经安全生产培训合格的从业人员,不得上岗作业。

①加工、制造业等生产单位的其他从业人员,在上岗前必须经过厂(矿)、车间(工段、区、队)、班组三级安全培训教育。生产经营单位可以根据工作性质对其他从业人员进行安全培训,保证其具备本岗位安全操作、应急处置等知识和技能。

②生产经营单位主要负责人和安全生产管理人员初次安全培训时间不得少于32学时。每年再培训时间不得少于12学时。

(2)新技术、新设备投入使用前,应对管理和操作人员进行专项培训。

①生产经营单位采用新工艺、新技术、新材料或者使用新设备时,必须了解、掌握其安全技术特性,采取有效的安全防护措施,并对从业人员进行专门的安全生产教育和培训。

②从业人员在本生产经营单位内调整工作岗位或离岗一年以上重新上岗时,应重新接受车间(工段、区、队)和班组级的安全培训。生产经营单位实施新工艺、新技术或者使用新设备、新材料时,应对有关从业人员重新进行有针对性的安全培训。

### 9.4.3 企业工作思路及关注的重点

对从业人员的培训和再培训,要符合国家和主管部门的相关要求,满足时间性、针对性、实用性的要求。

### 9.4.4 解析依据

(1)《中华人民共和国安全生产法》(中华人民共和国主席令〔2002〕第70号);

(2)《生产经营单位安全培训规定》(国家安监总局令〔2006〕第3号);

(3)《中华人民共和国船舶载运危险货物安全监督管理规定》(交通运输部令〔2012〕第4号)。

## 9.5 规范档案

### 9.5.1 考核要点

交通运输部制定的《港口客运(滚装、渡船渡口)码头企业安全生产达标考评指标》中规定,第八大要素"队伍建设"的第五个考核要点"规范档案"按照以下内容进行考核:

(1)建立健全安全宣传教育培训考核档案,详细、准确记录培训考核情况;

(2)对培训效果进行评审,改进提高培训质量。

### 9.5.2 考核要点解析

1）考核要点分解

为方便企业充分认识该考核内容的内涵，有针对性地开展相关标准化建设工作，依据国家相关法律法规、标准规范、规章制度对上述考核内容进行分解，主要包括以下两个方面：

（1）建立健全安全宣传教育培训考核档案，详细、准确记录培训考核情况；

（2）对培训效果进行评审，改进提高培训质量。

2）内容及要求

（1）建立健全安全宣传教育培训考核档案，详细、准确记录培训考核情况。

《生产经营单位安全培训规定》（国家安监总局令第3号）第二十四条规定，生产经营单位应建立健全从业人员安全培训档案，详细、准确记录培训考核情况。

（2）对培训效果进行评审，改进提高培训质量。

生产经营单位主要负责人和安全生产管理人员经安全生产监管监察部门认定的具备相应资质的培训机构培训合格后，由培训机构颁发相应的培训合格证书。危险化学品、烟花爆竹等生产经营单位主要负责人和安全生产管理人员，经安全资格培训考核合格，由安全生产监管监察部门颁发安全资格证书。其他生产经营单位主要负责人和安全生产管理人员经安全生产监管监察部门认定的具备相应资质的培训机构培训合格后，由培训机构颁发相应的培训合格证书。

### 9.5.3 企业工作思路及关注的重点

结合科技信息化建设，将安全生产队伍建设纳入常规化、标准化，把培训教育工作进行登记建档、定期考核、结合任用。

### 9.5.4 解析依据

《生产经营单位安全培训规定》（国家安监总局令〔2006〕第3号）。

# 10 作 业 管 理

## 10.1 现场作业管理

### 10.1.1 考核要点

交通运输部制定的《港口客运(滚装、渡船渡口)码头企业安全生产达标考评指标》中规定,第九大要素“作业管理”的第一个考核要点“现场作业管理”按照以下内容进行考核:

(1)严格执行操作规程和安全生产作业规定,严禁违章指挥、违章操作、违反劳动纪律;

**(2)具有与经营规模、范围相适应的专业技术人员、管理人员和操作人员,按规定持证上岗(三级必备条件);**

(3)依据港口客运(客滚、货滚、渡船渡口)服务流程,对售票、检票、安检、衡重、丈量、船舶调度等服务环节建立作业指导书,并落实到位;

(4)严禁无关人员进入旅客候船及上下船的场所。

### 10.1.2 考核要点解析

1) *考核要点分解*

为方便企业充分认识该考核内容的内涵,有针对性地开展相关标准化建设工作,依据国家相关法律法规、标准规范、规章制度对上述考核内容进行分解,主要包括以下5个方面:

(1)有各岗位安全操作规程,有严禁违章指挥、违章操作、违反劳动纪律的规章制度;

(2)有安全检查记录,有安全生产管理指标考核记录、奖罚记录、事故处理记录;

(3)专业技术人员、管理人员和操作人员按规定上岗;

(4)售票、检票、安检等服务环节的作业指导书;

(5)相关人员进入港口的相关要求。

2) *内容及要求*

(1)有各岗位安全操作规程,有严禁违章指挥、违章操作、违反劳动纪律的规章制度

①安全操作及安全作业的定义

按照符合法律法规要求的设备"使用说明书"、企业确认发布的"工艺流程"、"安全操作规程"等进行作业,确保作业过程安全的操作。

②执行要求

从业人员在作业过程中,应严格遵守本单位的安全生产规章制度和操作规程,服从管理,正确佩戴和使用劳动防护用品。从业人员应接受安全生产教育和培训,掌握本职工作所需的安全生产知识,提高安全生产技能,增强事故预防和应急处理能力。从业人员发现事故隐患或者其他不安全因素,应立即向现场安全生产管理人员或者本单位负责人报告;接到报告的人员应及时予以处理。

③违章处罚的要求

生产经营单位的从业人员不服从管理,违反安全生产规章制度或者操作规程的,由生产经营单位给予批评教育,依照有关规章制度给予处分;造成重大事故,构成犯罪的,依照刑法有关规定追究刑事责任。

(2)有安全检查记录,有安全生产管理指标考核记录、奖罚记录、事故处理记录

日常要开展安全检查,对于安全操作和劳动纪律的落实情况进行定期或不定期的考核,并对考核情况进行记录。

(3)专业技术人员、管理人员和操作人员按规定上岗

客运(滚装、渡船渡口)经营单位应对从业人员进行安全生产教育和培训,保证从业人员具备必要的安全生产知识,熟悉有关的安全生产规章制度和安全操作规程,掌握本岗位的安全操作技能。未经安全生产教育和培训合格的从业人员,不得上岗作业。

客运(滚装、渡船渡口)经营单位的主要负责人、安全生产管理人员和特种作业人员应按照国家有关法律、法规的规定接受安全培训,经考核合格,取得资格证书后,方可任职或者上岗作业。港口经营单位应建立从业人员安全教育和培训考核管理档案,保证从业人员接受继续教育和培训。

(4)售票、检票、安检等服务环节的作业指导书

客运(滚装、渡船渡口)应依据自身的服务流程,制定售票、检票、安检、衡重、丈量、船舶调度等服务环节的作业指导书。

作业指导书是作业指导者对作业者进行标准作业正确指导的基准,一般包括以下项目:岗位描述、岗位工作目标和要求、安全职责、岗位职责、巡回检查路线和检查标准、工作规范(内容)、隐患分析及削减措施等。

①岗位描述

对一个岗位的基本情况进行描述,其作用是使在该岗位工作的员工能对这个岗位有比较全面的了解。其中包括岗位名称、工作概述、岗位关系、特殊要求、工作权限、职业资格和工作考核七项内容。

②岗位工作目标和要求

描述该岗位各方面的工作目标是什么,有什么要求和标准。这是一个总体的概述,其作用是使员工对该岗位的工作要达到什么要求有清楚的认识。

③安全职责

这一部分使员工清楚该岗位在安全方面应遵守的职责是什么,要做好哪些安全工作,要负什么样的责任。

④岗位职责

这一部分是介绍该岗位的岗位职责,岗位职责是多年来企业管理中很好的管理做法。然而,当前有的企业仅流于形式,应从实际出发,与时俱进,对其内容不断修订,增强可操作性和实效性,能量化的内容尽量量化,避免空洞的内容,既不起界定职责的作用,也无法考核。

⑤巡回检查路线和检查标准

顾名思义,这一部分是针对需定时巡回检查的岗位,明确规定巡回检查的路线、检查点和检查的标准,便于岗位员工能够正确检查,掌握正常与异常的差别,能够及时处理。

⑥工作规范(内容)

对于一个岗位应做的具体工作,该部分介绍员工遵守什么规范,执行什么程序。该项规定越细,越易于员工在工作中执行。

⑦隐患分析及削减措施

在危害(隐患)辨识分析的基础上,将该岗位员工参与的工作列出,按照标准危害(隐患)辨识分析卡的模式逐一编制,使员工在工作实施前清楚这项工作的危害和预防措施,所需的准备工作和工作步骤,达到的具体标准等。

⑧设备操作规程和参数

将该岗位所有设备的操作规程和基本参数一一列出。

⑨工艺流程图

主要把该岗位的工艺流程图附上,流程的操作标准、操作步骤和方法也应一并列出。

⑩管理制度

每个岗位员工都应遵守法律法规和企业的管理制度。

⑪应急预案

岗位员工应清楚遇到意外或紧急情况如何处理。针对岗位的实际情况,可以把可能遇到的情况从应急预案中摘录出来,编入岗位作业指导书。

⑫常用法律法规、标准目录及附录

列出该岗位员工应遵守的法律、法规和标准,提供查阅的地点或来源,使员工能够了解到这些知识。附录指根据岗位实际需要列出的内容,如岗位常用的安全知识等。

(5)相关人员进入港口的相关要求

凡是进入客运码头的工作人员(包括)船员必须穿制服、佩戴工作卡,必须经客运站的值班人员同意方可进入港区。

凡是旅客必须服从客运站工作人员的指挥,经值班人员查验票据后才能进入码头乘船。车辆、人员进出客运码头必须出示有效证件或票据,接受客运站值班人员检查,无关车辆及人员禁止进入码头。

### 10.1.3 企业工作思路及关注的重点

岗位作业指导书内容较多,班组长一般很难独立完成。根据实践经验,一般由专业人员为主组织编制,班组长和部分技术骨干为编制工作人员,在完成危害(隐患)辨识分析的基础上进行编制。工作人员先收集相关的资料,然后按作业指导书的项目内容进行筛选整理,最后形成一个系统的岗位作业指导书。

编制完成后,打印成册,组织岗位人员学习培训,掌握其中的内容,为今后在工作中顺利执行打下基础。新上岗的员工培训完成后要经过考核,考核合格后,才可上岗。

学习培训完成后,岗位作业指导书发到员工手中,并放置在现场或岗位,每天工作中予以实施。岗位工作人员对岗位作业指导书内容都应了解,并在工作切实贯彻落实,才能在工作中做到遵章守纪,又能减少事故的发生和对自己的伤害。

在实施过程中,对出现的问题或需要补充的地方,要及时补充完善。待每年全面修订时,该修订的修订,该补充的补充,做到持续改进,使岗位作业指导书一直有实效性。

### 10.1.4 解析依据

(1)《中华人民共和国安全生产法》(中华人民共和国主席令〔2002〕第70号);

(2)《中华人民共和国劳动法》(中华人民共和国主席令〔1994〕第28号);

(3)《中华人民共和国消防法》(中华人民共和国主席令〔2008〕第6号);

(4)《中华人民共和国港口法》(中华人民共和国主席令〔2003〕第5号);

(5)《水路旅客运输规则》(交通部交水发〔1995〕1178号);

(6)《海上滚装船舶安全监督管理规定》(交通部令〔2002〕第1号)。

## 10.2 安全值班

### 10.2.1 考核要点

交通运输部制定的《港口客运(滚装、渡船渡口)码头企业安全生产达标考评指标》中规定,第九大要素“作业管理”的第二个考核要点“安全值班”按照以下内容进行考核:

制定并落实安全生产值班计划和值班制度,重要时期实行领导到岗带班,有值班记录。

### 10.2.2 考核要点解析

企业应制定并落实安全生产值班计划和值班制度,重要时期实行领导到岗带班,有值班记录。

1) 生产值班计划和值班制度

生产经营单位主要负责人应督促检查本单位的安全生产工作,及时消除生产安全隐患。

2) 领导到岗带班的要求

领导干部要到岗带班,关键岗位要 24 小时值班。

### 10.2.3 企业工作思路及关注的重点

港口作业的特点是连续性、紧迫性,生产中出现问题需要及时解决,值班制度特别是领导干部要到岗带班十分必要,关键是形成制度,做好计划、记录,并严格落实。

### 10.2.4 解析依据

(1)《中华人民共和国安全生产法》(中华人民共和国主席令〔2002〕第 70 号);

(2)《交通运输突发事件应急管理规定》(交通运输部令〔2011〕第 9 号)。

## 10.3 相关方管理

### 10.3.1 考核要点

交通运输部制定的《港口客运(滚装、渡船渡口)码头企业安全生产达标考评指标》中规定,第九大要素"作业管理"的第三个考核要点"相关方管理"按照以下内容进行考核:

(1)两个或两个以上单位共用同一设施设备进行生产经营的现场安全生产管理应职责明确,并落实到位;

(2)对外来施工单位和外来劳务人员有相应的安全管理制度和措施。

### 10.3.2 考核要点解析

1) 考核要点分解

(1)两个或两个以上单位共用同一设施设备进行生产经营的现场安全生产管理应职责明确,并落实到位。与船方、货主应签订管理协议,明确码头、堆场等有关现场的安全生产管理职责。

(2)应与外来施工(作业)方签订安全协议,明确双方各自的安全责任。

(3)对短期合同工、临时用工、实习人员、外来参观人员、客户及其车辆等进入作业现场的要有相应的安全管理制度和措施。

2)内容及要求

(1)两个或两个以上单位共用同一设施设备、场所进行生产经营的现场安全生产管理应职责明确,并落实到位

①相关方的定义:与企业的职业健康安全绩效有关的或受其职业健康安全绩效影响的个人或团体。

②应与船方、货主签订管理协议,明确码头、堆场等有关现场的安全生产管理职责。

(2)承包承租方的许可资质证明

生产经营单位不得将生产经营项目、场所、设备发包或者出租给不具备安全生产条件或者相应资质的单位或者个人。

(3)与外来施工(作业)方签订安全协议,明确双方各自的安全责任

生产经营项目、场所有多个承包单位、承租单位的,生产经营单位应与承包单位、承租单位签订专门的安全生产管理协议,或者在承包合同、租赁合同中约定各自的安全生产管理职责;生产经营单位对承包单位、承租单位的安全生产工作统一协调、管理。

(4)对短期合同工、临时用工、实习人员、外来参观人员、客户及其车辆等进入作业现场有相应的安全管理制度和措施

①外来人员进入作业现场的相关规定

关于教育培训、登记持证、防护用品、警示告示牌;防火措施、携带物品、路线场所、行为举止、遵章守制等方面制定相关规定。

②相关责任制度

建立生产经营单位主管部门;专职人员;合同工、临时用工、实习人员;外来参观人员、客户;外来车辆等的相关责任制度。

### 10.3.3 企业工作思路及关注的重点

港口企业存在与外单位的承包承租关系是普遍的,必须按法律要求与其签订安全协议,明确双方的责任和义务,并且应正确认识"生产经营单位对承包单位、承租单位的安全生产工作统一协调、管理"的职责。

### 10.3.4 解析依据

(1)《中华人民共和国安全生产法》(中华人民共和国主席令〔2002〕第70号);

(2)《中华人民共和国港口法》(中华人民共和国主席令〔2003〕第5号);

(3)《职业健康安全管理体系》(GB/T 28000)。

## 10.4 三品查堵

### 10.4.1 考核要点

交通运输部制定的《港口客运(滚装、渡船渡口)码头企业安全生产达标考评指标》中规定,第九大要素"作业管理"的第四个考核要点"三品查堵"按照以下内容进行考核:

**(1)制定并落实三品(易燃品、易爆品和危险品)查堵的规章制度、防止三品进港上船的有效措施和三品检查工作程序(三级必备条件);**

(2)设立专门的三品查堵岗位,配有三品检查员;

**(3)对进站旅客携带的行李物品和托运行包进行安全检查,对查获的三品要进行登记并按有关规定妥善处理,确保三品不携带进入码头(二级必备条件);**

(4)建立并规范填写三品查堵工作台账。

### 10.4.2 考核要点解析

1)考核要点分解

为方便企业充分认识该考核内容的内涵,有针对性地开展相关标准化建设工作,依据国家相关法律法规、标准规范、规章制度对上述考核内容进行分解,主要包括以下3个方面:

(1)明确三品的种类、规格,检查依据和处理方式;

(2)三品查堵岗位和人员配置要求;

(3)三品查堵工作记录和相关依据。

2)内容及要求

(1)常见三品的种类、规格

"三品"是易燃、易爆和危险品的统称。常见的有:

①易燃类

a.液体如汽油、煤油、溶剂汽油、皮夹克油、指甲油、香蕉水、松节油、甲醇、乙醚及加溶剂的油漆等;

b.气体有丁烷气(打火机气体)等;

c.固体有火柴、松香、乒乓球等。

②易爆类

导火索、雷管、火药、烟花、鞭炮及炮捻等。

③有毒危险品类

农药、硫酸、盐酸、苛性碱等有毒物质。

(2)三品查堵岗位和要求

三品查堵由进站口检查人员、"三品"检查人员和站务检票人员组成,"三品"检查人员必须经相关部门培训、考核合格,取得上岗证后方能上岗。

进站检查人员负责对进入码头的车辆进行检查,审查其是否为本站的营运车及是否符合进站要求,并协助"三品"检查人员检查不能从检票处通行的大件托运、转运行包。

"三品"安检人员负责购票旅客携带行包、托运、转运和寄存行包的检查。

行包托运人员和检票人员负责协助"三品"检查人员对托运行包的检查;小件寄存处工作人员负责协助"三品"检查人员对寄存物品进行检查。

未经检查或检查不符合要求的不得放行进入车站、托运、转运和办理寄存。

上述人员应定期参加公司安全培训,提高工作能力和业务水平。

(3)三品查堵的工作流程和方法

①营业开始时,检查人员必须使用X射线安检系统对进站行包进行检查,监控是否存在"三品",杜绝夹带"三品"的行李、包裹进站。

②当X射线安检系统维修、停电或出现其他故障无法使用时,应采用人工检查方式,按一看、二闻、三问、四摸、五开包的方法进行检查,重点在问和看,并加强开包检查率。

③检票口对旅客的行包检查情况进行核实,未经检查的不得放行,同时督促将旅客携带的生活用刀具、发胶、摩丝等物品,放入旅客所乘车辆行李箱。

④托运处对办理托运、转运行包,进行把关,审核其进行"三品"检查的情况,未经检查的应协助旅客送至"三品"检查处进行检查,对转运行包应经收件检查,对可疑行包必须送"三品"检查处进行检查,对检查不合格的应通知公安机关进行处置,同时通知货主或收件人到场。

⑤小件寄存处对寄存行李进行核查,未经检查的行李一律不予寄存。

⑥对日常"三品"检查中收缴或代管的物品应在采取必要措施后,及时按全数上交安保科,由安保科统一移交公安机关。收缴或代管的物品必须造册登记统计上报。

⑦收缴或代管物品因故不能上交的要采取妥善措施进行先期处理后再分类保管。

⑧查出管制刀具、枪械、爆炸物品等重大危险物品必须立即通知公安机关,并协助公安机关进行收缴扣留当事人。对旅客携带的生活用刀具、发胶、摩丝等物品,采取交由客车乘务员放入旅客所乘车辆行李箱或由车站代为保管的办法妥善处理。

⑨"三品"检查中收缴和代管的物品必须一一记录,并由检查人和携带人在记录上签字确认。

### 10.4.3 企业工作思路及关注的重点

港口企业应该加强对"三品"检查人员的技能培训,完善相关安全管理制度,做好日常"三品"检查的记录和台账。

### 10.4.4 解析依据

(1)《中华人民共和国安全生产法》(中华人民共和国主席令〔2002〕第70号);

(2)《中华人民共和国港口法》(中华人民共和国主席令〔2003〕第5号)。

## 10.5 进出港管理

### 10.5.1 考核要点

交通运输部制定的《港口客运(滚装、渡船渡口)码头企业安全生产达标考评指标》中规定,第九大要素"作业管理"的第五个考核要点"进出港管理"按照以下内容进行考核:

**(1)有严格的进出站安全检查制度和流程,没有超载超员船舶离港(三级必备条件);**

(2)无关船舶没有进入相关水域;

(3)有专人指挥,调度船舶进出港,疏导旅客,确保安全通道畅通。

### 10.5.2 考核要点解析

*1)考核要点分解*

为方便企业充分认识该考核内容的内涵,有针对性地开展相关标准化建设工作,依据国家相关法律法规、标准规范、规章制度对上述考核内容进行分解,主要包括以下3个方面:

(1)船舶的进出港管理制度;

(2)有巡查检查制度和记录;

(3)由专人对进出港船舶进行调度和疏导。

*2)内容及要求*

(1)客运码头进出港管理

客运码头应制定严格的船舶进出站安全检查制度,在离港时对船舶的安全设施、运行参数、设备设施特别是超载超员情况进行检查,确保没有超载超员的船舶离港出航。

(2)巡查检查和记录

客运码头应做好码头港池及前沿水域的巡查工作,特别是对无关船舶的监视,防止出现无关船舶进入相关水域影响客船进出港的情况发生。对于无关船舶进入相关水域的情况应立即对船舶进行警告,并对可能受影响的客船进行通报,在警告解除后客船方能安全进出入码头。如无关船舶不听从调度的可以直接上报至上级机关采取必要措施。

(3)进出港的调度和疏导

合理行使船舶统一调度是码头经营单位维持港口生产经营秩序、确保港口安全生产、确保港口规划落实的主要手段,有利于港口的统一调控。因此进出港船舶必须听从指挥台人员的调度和安排,安全进出港口。

经营单位还应指派专人在应急救援或其他紧急情况下对客运站内的旅客和社会车辆进行疏散,保证旅客安全和减小财产损失。

### 10.5.3 解析依据

(1)《中华人民共和国安全生产法》(中华人民共和国主席令〔2002〕第70号);

(2)《中华人民共和国港口法》(中华人民共和国主席令〔2003〕第5号)。

## 10.6 站务管理

### 10.6.1 考核要点

交通运输部制定的《港口客运(滚装、渡船渡口)码头企业安全生产达标考评指标》中规定,第九大要素"作业管理"的第六个考核要点"站务管理"按照以下内容进行考核:

(1)与旅客运输经营者签订《安全责任协议》,依法明确双方的安全责任;

**(2)按规定定期对码头设备设施、电气线路、消防设施等进行维护保养,特种设备定期进行检测检验(三级必备条件);**

(3)严格按船舶核定人数售票、检票;

(4)制定并落实船舶报班制度;

(5)因天气、水位等原因影响船舶航行安全时,视情发班或要求停班。

### 10.6.2 考核要点解析

1) 安全责任协议

码头经营单位应与旅客运输经营者签订《安全责任协议》,协议中应明确规定甲方(码头经营单位)和乙方(旅客运输经营者)的安全责任。

甲方应尽的基本责任:

(1)落实"三不进站"、"五不出站"的规定;

(2)全面建立安全检查责任制度,落实岗位及责任人;

(3)对所有进站船舶,依照上级管理部门的规定对安全设备设施进行安全例检;

(4)按照相关规定,码头内配备消防器材,防治发生火灾;

(5)加强站内秩序维护,努力确保旅客安全。

乙方应尽的基本责任:

(1)乙方进站船舶需各项手续齐全,有合法的营运证件和保险手续;

(2)所有进港船舶必须提供完好运力,应对船舶的各项安全设备设施进行检查;

(3)船舶管理人员应积极配合服从码头安检人员对船舶进行的安全例行检查,查出问题需立即整改,不能带病航行;

(4)严重装载"三品",对乘客所带行李有责任进行检查;

(5)服从码头调度人员的调度和疏导。

2)设备设施的维护和保养

码头经营单位应对码头内安全设备设施、电气线路、消防设施进行定期维护,确保功能完整,能够安全使用。对于码头内的特种设备应该依据特种设备相关管理办法进行定期检测检验,并将检测检验单进行明示。

3)船舶定员

码头经营单位应严格按照船舶的定额定载进行售票和检票,不得出现船舶超员的现象。

4)船舶发班

码头经营单位应对即将进港、登船和出港的船舶进行通报,确保旅客的有序登船和船舶的进出港安全。在因天气、水位等原因影响船舶航行安全时,视情发班或要求停班,并向旅客和船舶进行通报和说明原因,并对后续的情况进行跟踪通报。

### 10.6.3 解析依据

(1)《中华人民共和国安全生产法》(中华人民共和国主席令〔2002〕第70号);

(2)《中华人民共和国港口法》(中华人民共和国主席令〔2003〕第5号)。

## 10.7 警示标志

### 10.7.1 考核要点

交通运输部制定的《港口客运(滚装、渡船渡口)码头企业安全生产达标考评指标》中规定,第九大要素"作业管理"的第七个考核要点"警示标志"按照以下内容进行考核:

(1)**在存在危险因素的场所和设备设施,设置明显的安全警示标志,警示、告知危险种类、后果及应急措施(三级必备条件);**

(2)设备设施检修、施工等作业现场设置警戒区域和警示标志。

### 10.7.2 考核要点解析

在有人员、车辆聚集区域,进出口,通行流量交叉,危险物品存放、外露设备运行等存在危险因素的场所和设备设施,设置明显的安全警示标志,警示、告知危险种类、后果及应急措施。在设备设施检修、临时施工等作业现场设置警戒区域和警示标志。

其他情况下，港口经营单位应按照《安全标志及其使用导则》(GB 2894—2008)、《安全色》(GB 2893—2008)、《消防安全标志设置要求》(GB 15630—1995)、《消防安全标志》(GB 13495—1992)和《起重机安全标志和危险图形符号　总则》(GB 15052—2010)等的要求在作业场所设置安全警示标志/识。

### 10.7.3　解析依据

(1)《中华人民共和国安全生产法》(中华人民共和国主席令〔2002〕第70号)；

(2)《中华人民共和国港口法》(中华人民共和国主席令〔2003〕第5号)。

# 11　危险源辨识与风险控制

## 11.1　危险源辨识

### 11.1.1　考核要点

交通运输部制定的《港口客运(滚装、渡船渡口)码头企业安全生产达标考评指标》中规定,第十大要素“危险源辨识与风险控制”的第一个考核要点“危险源辨识”按照以下内容进行考核:

(1)开展本单位危险设施或场所危险源的辨识和确定工作;

**(2)辨识重大危险源,采取有效防护措施,按规定报有关部门备案(二级必备项)。**

### 11.1.2　考核要点解析

1)考核要点分解

为方便企业充分认识该考核内容的内涵,有针对性地开展相关标准化建设工作,依据国家相关法律法规、标准规范、规章制度对上述考核内容进行分解,主要包括以下两个方面:

(1)开展本单位危险设施或场所危险源的辨识和确定工作

①危险源的定义;

②危险源及危险设施的辨识;

③危险源的管理要求。

(2)存在重大危险源时应采取措施并按规定报有关部门备案

①重大危险源的辨识;

②重大危险源的管理;

③实施监控;

④备案。

2)内容及要求

(1)危险源的定义

危险源是指可能导致人员伤害或财务损失事故的,潜在的不安全因素或可能导致死亡、伤害、职业病、财产损失、工作环境破坏或这些情况组合的根源或状态。

（2）危险源及危险设施的辨识

不同的危险源在导致事故发生，造成伤亡后果时表现各异，所以对其识别、控制方式也不尽相同，根据危险源在事故发生、发展中的作用，把危险源划分为两大类，即第一类危险源和第二类危险源。

①第一类危险源（事故发生的内因）

在生产现场，产生能量的能量源或拥有能量的能量载体，以及载有有害物质的载体，属于第一类危险源。

第一类危险源的危险性，与有害物质数量的多少、能量强度的大小有密切关系。

常见的第一类危险源主要有：

a. 产生、供给能量的装置、设备；

b. 使人体或物体具有较高势能的装置、设备或场所；

c. 有害物质和能量载体；

d. 一旦失控可能产生巨大能量的装置、设备、场所；

e. 一旦失控可能发生能量蓄积或突然释放的装置、设备或场所；

f. 危险物质；

g. 生产、加工、储存；

h. 人体一旦与之接触，将导致能量向人体意外释放的物体。

②第二类危险源（事故发生的外因）

导致约束、限制能量的措施（屏蔽）失控、失效或破坏的各种不安全因素称为第二类危险源。

一般认为，人的不安全行为和物的不安全状态是造成有害物质或能量意外释放的直接原因。从系统安全的观点考察，使有害物质或能量的约束、限制措施失效、破坏的原因包括人、机（物）、环境和管理缺陷 4 个方面的因素。

（3）危险源的管理要求

进行危险源的分析评价，制定预防、消除、减少其引发事故危险性的制度、规程等管理措施和报警、检测、连锁等监控措施，并建立档案。

（4）重大危险源的辨识

①长期地或临时地生产、加工、使用或存储危险化学品，且危险化学品的数量等于或超过临界量的单元，构成危险化学品重大危险源。

②长期地或者临时地生产、搬运、使用或者储存危险物品，且危险物品的数量等于或者超过临界量的场所和设施，以及其他存在危险能量等于或超过临界量的场所和设施，构成存在危险能量的场所和设施重大危险源。

（5）重大危险源的管理与备案

①生产经营单位要对本单位的重大危险源进行登记建档，建立重大危险源管理档

案,并按照国家和地方有关部门重大危险源申报登记的具体要求,并在每年3月底前将有关材料报送当地县级以上人民政府安全生产监督管理部门备案。

对新构成的重大危险源,要及时报告当地县级以上人民政府安全生产监督管理部门备案;对已不构成重大危险源的,生产经营单位应及时报告核销。存在的重大危险源在生产过程、材料、工艺、设备、防护措施和环境等因素发生重大变化,或者国家有关法规、标准发生变化时,要对重大危险源重新进行安全评估,并及时报告当地县级以上人民政府安全生产监督管理部门。

②单位的决策机构及其主要负责人、个人经营的投资人要保证重大危险源安全管理与检测监控所必需的资金投入。

③要对从业人员进行安全生产教育和培训,使其熟悉重大危险源安全管理制度和安全操作规程,掌握本岗位的安全操作技能等。

④要将重大危险源可能发生事故时的危害后果、应急措施等信息告知周边单位和人员。

⑤至少每3年要对本单位的重大危险源进行一次安全评估。按照国家有关规定,已经进行安全评价并符合重大危险源安全评估要求的,可不必进行安全评估。

(6)实施监控

应对重大危险源登记建档,进行定期检测、评估、监控,并制定应急预案;告知从业人员和相关人员在紧急情况下应采取的应急措施。

### 11.1.3 企业工作思路及关注的重点

外因是条件,内因是根据。企业应设置安全生产管理机构和专门的安全生产管理人员,加强对企业职工的安全培训和宣传教育工作,使全员了解企业生产过程的重点危险源及预防、减弱、消除其引发事故的安全措施,这样才能使危险源辨识和管理工作发挥最大的效果。

### 11.1.4 编制依据

1)法律、法规、规章

(1)《中华人民共和国安全生产法》(中华人民共和国主席令〔2002〕第70号);

(2)《危险化学品安全管理条例》(国务院令第591号);

(3)《国务院关于进一步加强安全生产工作的决定》(国发〔2004〕2号)。

2)国家标准

《危险化学品重大危险源辨识》(GB 18218—2009)。

3)相关资料

《安全评价师》国家职业资格三级(第2版)(中国劳动社会保障出版社)。

## 11.2　风险控制

### 11.2.1　考核要点

交通运输部制定的《港口客运(滚装、渡船渡口)码头企业安全生产达标考评指标》中规定,第十大要素“危险源辨识与风险控制”的第二个考核要点“风险控制”按照以下内容进行考核:

(1)及时对作业活动和设备设施存在的危险源采取防控措施;

(2)向从业人员如实告知作业场所和工作岗位存在的危险因素、防范措施以及事故应急措施;

(3)对危险源进行建档,重大危险源单独建档管理。

### 11.2.2　考核要点解析

1)考核要点分解

为方便企业充分认识该考核内容的内涵,有针对性地开展相关标准化建设工作,依据国家相关法律法规、标准规范、规章制度对上述考核内容进行分解,主要包括以下两个方面:

(1)及时对作业活动和设备设施进行危险、有害因素识别;

(2)向从业人员如实告知作业场所和工作岗位存在的危险因素、防范措施以及事故应急措施。

2)内容及要求

(1)及时对作业活动和设备设施进行危险、有害因素识别

在进行危险、有害因素的识别时,要全面、有序地进行识别,防止出现漏项,宜从厂址、总平面布置、道路运输、建(构)筑物、生产工艺、物流、主要设备装置、作业环境、安全管理措施等几方面进行。识别的过程实际上就是系统安全分析的过程。

①厂址

从厂址的工程地质、地形地貌、水文、气象条件、周围环境、交通运输条件、自然灾害、消防支持等方面分析、识别。

②总平面布置

从功能分区、防火间距和安全间距、风向、建筑物朝向、危险有害物质设施、动力设施(如氧气站、乙炔气站、压缩空气站、锅炉房、液化石油气站等)、道路、储运设施等方面进行分析、识别。

③道路及运输

从运输、装卸、消防、疏散、人流、物流、平面交叉运输和竖向交叉运输等几个方面进

行分析、识别。

④建(构)筑物

从厂房的生产火灾危险性分类、耐火等级、结构、层数、占地面积、防火间距、安全疏散的方面进行分析、识别。

从库房储存物品的火灾危险性分类、耐火等级、结构、层数、占地面积、安全疏散、防火间距等方面进行分析、识别。

⑤工艺过程

对新建、改建、扩建项目设计阶段危险、有害因素的识别。

a. 对设计阶段是否通过合理的设计进行考查,尽可能从根本上消除危险、有害因素。

b. 当消除危险、有害因素有困难时,对是否采取了预防性技术措施进行考查。

c. 在无法消除危险或危险难以预防的情况下,对是否采取了减少危险、有害的措施进行考查。当操作者失误或设备运行一旦达到危险状态时,对是否能通过联锁装置来终止危险、危害的发生进行考查。

d. 在易发生故障和危险性较大的地方,对是否设置了醒目的安全色、安全标志和声、光警示装置等进行考查。

对安全现状综合评价可针对行业和专业的特点及行业和专业制定的安全标准、规程进行分析、识别。

针对行业和专业的特点,可利用各行业和专业制定的安全标准、规程进行分析、识别。例如,原劳动部曾会同有关部委制定了冶金、电子、化学、机械、石油化工、轻工、塑料、纺织、建筑、水泥、制浆造纸、平板玻璃、电力、石棉、核电站等一系列安全规程、规定,评价人员应根据这些规程、规定、要求对被评价对象可能存在的危险有害因素进行分析和识别。

根据典型的单元过程(单元操作)进行危险有害因素的识别。

典型的单元过程是各行业中具有典型特点的基本过程或基本单元。这些单元过程的危险、有害因素已经归纳总结在许多手册、规范、规程和规定中,通过查阅均能得到。这类方法可以使危险、有害因素的识别比较系统,避免遗漏。

⑥生产设备、装置

对于工艺设备可从高温、低温、高压、腐蚀、振动、关键部位的备用设备、控制、操作、检修和故障、失误时的紧急异常情况等方面进行识别。

对机械设备可从运动零部件和工件、操作条件、检修作业、误运转和误操作等方面进行识别。

对电气设备可从触电、断电、火灾、爆炸、误运转和误操作、静电、雷电等方面进行识别。

另外,还应注意识别高处作业设备、特殊单体设备(如锅炉房、乙炔站、氧气站)等的危险、有害因素。

⑦作业环境

注意识别存在各种职业危害因素的作业部位。

⑧安全管理措施

可以从安全生产管理组织机构、安全生产管理制度、事故应急救援预案、特种作业人员培训、日常安全管理等方面进行识别。

(2)向从业人员如实告知作业场所和工作岗位存在的危险因素、防范措施以及事故应急措施

①危险、有害因素的防范措施

《港口工程劳动安全卫生设计规定》(JT 320—97)。

②事故应急措施

事故应急救援的总目标是通过有效的应急救援行动,尽可能地降低事故的后果,包括人员伤亡、财产损失和环境破坏等。事故应急救援的基本任务包括以下 4 个方面:

a. 立即组织营救受害人员,组织撤离或者采取其他措施保护危害区域内的其他人员。

b. 迅速控制事态,并对事故造成的危害进行检测、监测,测定事故的危害区域、危害性质及危害程度。

c. 消除危害后果,做好现场恢复。

d. 查清事故原因,评估危害程度。

### 11.2.3 企业工作思路及关注的重点

企业在系统、正规的进行危险有害因素辨识的基础上,要确定危险源,制定防止发生事故的管理措施和技术措施,并通过教育培训,使职工了解和掌握是防止发生生产安全事故的重要一环。

### 11.2.4 编制依据

1) 国家、行业标准

(1)《生产过程危险和有害因素分类与代码》(GB/T 13861—2009);

(2)《港口工程劳动安全卫生设计规定》(JT 320—97)。

2) 相关资料

(1)《安全评价师》国家职业资格三级(第 2 版)(中国劳动社会保障出版社);

(2)《安全生产管理知识》(2011 版)(中国大百科全书出版社)。

# 12 隐患排查与治理

## 12.1 隐患排查

### 12.1.1 考核要点

交通运输部制定的《港口客运(滚装、渡船渡口)码头企业安全生产达标考评指标》中规定,第十一大要素“隐患排查与治理”的第一个考核要点“隐患排查”按照以下内容进行考核:

(1)制定隐患排查工作方案,明确排查的目的、范围,选择合适的排查方法;

**(2)每月至少开展一次安全自查自纠工作,及时发现安全管理缺陷和漏洞,消除安全隐患。检查及处理情况应记录在案(三级必备项);**

(3)对各种安全检查所查出的隐患进行原因分析,制定针对性控制对策。

### 12.1.2 考核要点解析

1)*考核要点分解*

为方便企业充分认识该考核内容的内涵,有针对性地开展相关标准化建设工作,依据国家相关法律法规、标准规范、规章制度对上述考核内容进行分解,主要包括以下 3 个方面:

(1)制定隐患排查工作方案,明确排查的目的、范围,选择合适的排查方法。

(2)定期开展安全生产自查自纠工作,及时发现安全管理缺陷和漏洞,消除安全隐患。检查及处理情况应记录在案。

(3)对各种安全检查所查出的隐患进行原因分析,制定针对性控制对策。

2)*内容及要求*

(1)制定隐患排查工作方案,明确排查的目的、范围,选择合适的排查方法

①隐患排查的定义

隐患指隐藏的祸患,事故隐患即隐藏的、可能导致事故的祸患。一般指有明显缺陷的事物,包括人的不安全行为和物的不安全状态。

安全生产事故隐患,是指生产经营单位违反安全生产法律、法规、规章、标准、规程和安全生产管理制度的规定,或者因其他因素在生产经营活动中存在可能导致事故发生的物的危险状态、人的不安全行为和管理上的缺陷。

②隐患排查的重点范围

隐患排查的范围应包括所有与生产经营相关的场所、环境、人员、设备设施和活动。

企业隐患排查的范围应包括所有与生产经营相关的场所、环境、人员、设备设施和活动。

③隐患排查的要求

企业应组织事故隐患排查工作，对隐患进行分析评估，确定隐患等级，登记建档，及时采取有效的治理措施。

法律法规、标准规范发生变更或有新的公布，以及企业操作条件或工艺改变、新建、改建、扩建项目建设，相关方进入、撤出或改变，对事故、事件或其他信息有新的认识，组织机构发生大的调整的，应及时组织隐患排查。

隐患排查前应制定排查方案，明确排查的目的、范围，选择合适的排查方法。排查方案应依据有关安全生产法律、法规要求；设计规范、管理标准、技术标准；企业的安全生产目标等。

④排查方法

生产经营单位应根据安全生产的需求和特点，采用综合检查、专业检查、季节性检查、节假日检查、日常检查、专项检查等方式进行隐患排查。

企业应根据安全生产的需要和特点，采用综合检查、专业检查、季节性检查、节假日检查、日常检查等方式进行隐患排查。

(2)定期开展安全生产自查自纠工作，及时发现安全管理缺陷和漏洞，消除安全隐患

生产经营单位在事故隐患治理过程中，应采取相应的安全防范措施，防止事故发生。事故隐患排除前或者排除过程中无法保证安全的，应从危险区域内撤出作业人员，并疏散可能危及的其他人员，设置警戒标志，暂时停产停业或者停止使用；对暂时难以停产或者停止使用的相关生产储存装置、设施、设备，应加强维护和保养，防止事故发生。生产经营单位应加强对自然灾害的预防。对于因自然灾害可能导致事故灾难的隐患，应按照有关法律、法规、标准和本规定的要求排查治理，采取可靠的预防措施，制定应急预案。在接到有关自然灾害预报时，应及时向下属单位发出预警通知；发生自然灾害可能危及生产经营单位和人员安全的情况时，应采取撤离人员、停止作业、加强监测等安全措施，并及时向当地人民政府及其有关部门报告。

(3)对各种安全检查所查出的隐患进行原因分析，制定针对性控制对策

①安全隐患的分析

事故隐患分为一般事故隐患和重大事故隐患。一般事故隐患，是指危害和整改难度较小，发现后能够立即整改排除的隐患。重大事故隐患，是指危害和整改难度较大，应

全部或者局部停产停业,并经过一定时间整改治理方能排除的隐患,或者因外部因素影响致使生产经营单位自身难以排除的隐患。

②针对性对策

事故隐患的构成是有害物质或能量的存在和事故触发因素的出现,可以理解为:第一危险源存在,第二危险源出现。这样事故隐患的控制问题,就转化为危险源的控制问题。

控制危险源的主要措施包括:

a. 消除危险源。

b. 限制能量或减少危险物质。

c. 减免或减少事故损失的技术。

### 12.1.3 企业工作思路及关注的重点

隐患排查,关键在于定期进行和明确排查的目的、范围,选择合适的排查方法。

### 12.1.4 编制依据

(1)《安全生产事故隐患排查治理暂行规定》(2007);

(2)《安全生产管理知识》(2011 版)(中国大百科全书出版社);

(3)《企业安全生产标准化基本规范》(AQ/T 9006—2010)。

## 12.2 隐患治理

### 12.2.1 考核要点

交通运输部制定的《港口客运(滚装、渡船渡口)码头企业安全生产达标考评指标》中规定,第十一大要素"隐患排查与治理"的第二个考核要点"隐患治理"按照以下内容进行考核:

(1)制订隐患治理方案,隐患治理方案包括目标和任务、方法和措施、经费和物资、机构和人员、时限和要求;

(2)对上级检查指出或自我检查发现的一般安全隐患,严格落实防范和整改措施,并组织整改到位;

**(3)重大安全隐患报相关部门备案,做到整改措施、责任、资金、时限和预案"五到位"(二级必备项);**

(4)建立隐患治理台账和档案,有相关的记录;

(5)按规定对隐患排查和治理情况进行统计分析,并向有关部门报送书面统计分析表。

### 12.2.2　考核要点解析

1）*考核要点分解*

为方便企业充分认识该考核内容的内涵，有针对性地开展相关标准化建设工作，依据国家相关法律法规、标准规范、规章制度对上述考核内容进行分解，主要包括以下5个方面：

（1）制定隐患治理方案，隐患治理方案包括目标和任务、方法和措施、经费和物资、机构和人员、时限和要求。

（2）对上级检查指出或自我检查发现的一般安全隐患，严格落实防范和整改措施，并组织整改到位。

（3）重大安全隐患报相关部门备案，做到整改措施、责任、资金、时限和预案“五到位”。

（4）建立隐患治理台账和档案，有相关的记录。

（5）按规定对隐患排查和治理情况进行统计分析，并向有关部门报送书面统计分析表。

2）*内容及要求*

（1）制定隐患治理方案，隐患治理方案包括目标和任务、方法和措施、经费和物资、机构和人员、时限和要求

①隐患治理方案的要求

隐患治理方案包括目标和任务、方法和措施、经费和物资、机构和人员、时限和要求、重大事故隐患在治理前应采取临时控制措施并制订应急预案。企业应根据隐患排查的结果，制订隐患治理方案，对隐患及时进行治理。

②方法和措施

隐患治理措施包括：工程技术措施、管理措施、教育措施、防护措施和应急措施。

③整改时限和要求

对检查中发现的事故隐患，应立即排除；重大事故隐患排除前或者排除过程中无法保证安全的，应从危险区域内撤出作业人员，暂时停产停业或者停止使用；重大事故隐患排除后，经审查，方可恢复生产和使用。

（2）对上级检查指出或自我检查发现的一般安全隐患，严格落实防范和整改措施，并组织整改到位

重大事故隐患治理工作结束后，组织本单位的技术人员和专家对重大事故隐患的治理情况进行评估；或委托具备相应资质的安全评价机构对重大事故隐患的治理情况进行评估。全部或者局部停产停业治理的重大事故隐患经治理后符合安全生产条件的，向安全监管监察部门和有关部门提出恢复生产的书面申请，经安全监管监察部门和

有关部门审查同意后,恢复生产经营。申请报告包括治理方案的内容、项目和安全评价机构出具的评价报告等。

(3)重大安全隐患报相关部门备案,做到整改措施、责任、资金、时限和预案"五到位"

①建立健全事故隐患排查治理和建档监控等制度,逐级建立并落实从主要负责人到每个从业人员的隐患排查治理和监控责任制。

②保证事故隐患排查治理所需的资金,建立资金使用专项制度。

③建立事故隐患报告和举报奖励制度,鼓励、发动职工发现和排除事故隐患,鼓励社会公众举报。对发现、排除和举报事故隐患的有功人员,应给予物质奖励和表彰。

④与承包、承租单位签订安全生产管理协议,并在协议中明确各方对事故隐患排查、治理和防控的管理职责。生产经营单位对承包、承租单位的事故隐患排查治理负有统一协调和监督管理的职责。

⑤积极配合安全监管监察部门和有关部门的监督检查人员依法履行事故隐患监督检查职责。

⑥对于重大事故隐患,及时向安全监管监察部门和有关部门报告。重大事故隐患报告内容包括:

a. 隐患的现状及其产生原因;

b. 隐患的危害程度和整改难易程度分析;

c. 隐患的治理方案。

⑦对于一般事故隐患,立即组织整改。对于重大事故隐患,由主要负责人组织制订并实施事故隐患治理方案。重大事故隐患治理方案包括以下内容:

a. 治理的目标和任务;

b. 采取的方法和措施;

c. 经费和物资的落实;

d. 负责治理的机构和人员;

e. 治理的时限和要求;

f. 安全措施和应急预案。

在事故隐患治理过程中,应采取相应的安全防范措施,防止事故发生。

⑧加强对自然灾害的预防。对于因自然灾害可能导致事故灾难的隐患,应按照有关法律、法规、标准和本规定的要求排查治理,采取可靠的预防措施,制订应急预案。在接到有关自然灾害预报时,应及时向下属单位发出预警通知;发生自然灾害可能危及生产经营单位和人员安全的情况时,应采取撤离人员、停止作业、加强监测等安全措施,并及时向当地人民政府及其有关部门报告。

(4)建立隐患治理台账和档案,有相关的记录

定期组织安全生产管理人员、工程技术人员和其他相关人员排查本单位的事故隐

患。对排查出的事故隐患，应按照事故隐患的等级进行登记，建立事故隐患信息台账和档案，并按照职责分工实施监控治理。

(5)按规定对隐患排查和治理情况进行统计分析，并向有关部门报送书面统计分析表

生产经营单位应每季、每年对本单位事故隐患排查治理情况进行统计分析，并分别于下一季度15日前和下一年1月31日前向安全监管监察部门和有关部门报送书面统计分析表。统计分析表应由生产经营单位主要负责人签字。

对于重大事故隐患，生产经营单位除依照前款规定报送外，应及时向安全监管监察部门和有关部门报告。重大事故隐患报告内容应包括：

①隐患的现状及其产生原因；

②隐患的危害程度和整改难易程度分析；

③隐患的治理方案。

### 12.2.3 企业工作思路及关注的重点

隐患治理，要找到根源、明确任务、确定措施、落实经费、规定时限、必须复查。另外对隐患的治理进行登记建档、统计分析、加强监控是避免或减少重复事故的有效方法。

### 12.2.4 编制依据

(1)《安全生产事故隐患排查治理暂行规定》(2007)；

(2)《安全生产管理知识》(2011版)(中国大百科全书出版社)；

(3)《企业安全生产标准化基本规范》(AQ/T 9006—2010)。

# 13 职 业 健 康

## 13.1 健康管理

### 13.1.1 考核要点

交通运输部制定的《港口客运(滚装、渡船渡口)码头企业安全生产达标考评指标》中规定,第十二大要素“职业健康”的第一个考核要点“健康管理”按照以下内容进行考核:

(1)设置或指定职业健康管理机构,配备专(兼)职管理人员;

(2)按规定对员工进行职业健康检查。

### 13.1.2 考核要点解析

1)考核要点分解

为方便企业充分认识该考核内容的内涵,有针对性地开展相关标准化建设工作,依据国家相关法律法规、标准规范、规章制度对上述考核内容进行分解,主要包括以下5个方面:

(1)建立职业健康管理制度;

(2)建立职业健康管理机构;

(3)建立职业健康监护档案;

(4)对职工开展职业健康检查;

(5)职业病危害项目申报。

2)内容和要求

(1)职业健康管理制度

用人单位应建立、健全职业病防治责任制,加强对职业病防治的管理,提高职业病防治水平,对本单位产生的职业病危害承担责任。用人单位的主要负责人对本单位的职业病防治工作全面负责。其中,工会组织应依法对职业病防治工作进行监督,维护劳动者的合法权益,用人单位制定或者修改有关职业病防治的规章制度,应听取工会组织的意见。

用人单位职业健康管理规章制度建设的通用要求主要包括:

①指定本单位职业卫生方针;

②设置职业病防治领导机构;

③设置职业卫生管理机构；

④明确相关组织的职能；

⑤配备专(兼)职的职业卫生专业人员；

⑥职业病防治工作纳入目标管理责任制；

⑦制订职业病防治计划和实施方案；

⑧建立、健全职业卫生档案；

⑨建立、健全劳动者职业健康监护档案；

⑩建立、健全工作场所职业病危害因素监测和评价制度；

⑪确保职业病防治管理必要的经费投入；

⑫建立、健全职业病危害事故应急救援预案；

⑬依法参加工伤保险。

(2)职业健康管理机构

用人单位应设置或者指定职业卫生管理机构或者组织,配备专职或兼职的职业卫生管理人员,负责本单位的职业病防治工作。

职业健康管理机构领导小组应由法定代表人、管理者代表、相关职能部门以及工会代表组成,其主要职责是审议职业卫生工作计划和方案,布置、督查和推动职业病防治工作。

职业健康管理机构主要负责本单位职业卫生管理体系的建立和运行,其主要责任有:

①组织执行职业卫生管理体系的方针政策；

②制订职业卫生管理工作计划、确定明确目标及量化指标,并组织实施；

③组织对劳动者的职业卫生培训以及劳动者之间的合作与交流,以全面实施其职业卫生管理体系要素；

④负责确定职业危害识别、评价以及控制人员的职责、义务和权力,并告知劳动者；

⑤制订有效的职业病防治方案,以识别、控制和消除职业病危害及工作有关疾病；

⑥监督管理和评估本单位的职业病防治工作；

⑦负责工作场所职业卫生检测和职工职业健康监护。

用人单位应明确工会、人事以及劳动工资、企业管理、财务、生产调度、工程技术等相关部门在职业卫生管理方面的职责和要求。

用人单位按照职工总数的2‰~5‰配备职业卫生专(兼)职人员,职工人数少于300人的单位应至少配备1名职业卫生专(兼)职人员。

(3)职业健康监护档案

用人单位应为劳动者个人建立职业健康监护档案,并按照有关规定妥善保存。职业健康监护档案应包括下列内容:

①劳动者姓名、性别、年龄、籍贯、婚姻、文化程度、嗜好等情况;

②劳动者职业史、既往病史和职业病危害接触史;

③历次职业健康检查结果及处理情况;

④职业病诊疗资料;

⑤需要存入职业健康监护档案的其他有关资料。

安全生产行政执法人员、劳动者或者其近亲属、劳动者委托的代理人有权查阅、复印劳动者的职业健康监护档案。劳动者离开用人单位时,有权索取本人职业健康监护档案复印件,用人单位应无偿提供,并在所提供的复印件上盖章。

(4)职业健康检查

用人单位应组织劳动者进行职业健康检查,并承担职业健康检查费用。劳动者接受职业健康检查应视同政策出勤。应选择省级以上人民政府卫生行政部门批准的医疗卫生机构承担职业健康检查工作,并确保参加职业健康检查的劳动者身份的真实性。用人单位在委托职业健康检查机构对从事接触职业病危害作业的劳动者进行职业健康检查时,应如实提供下列文件、资料:

①用人单位的基本情况;

②工作场所职业病危害因素种类及其接触人员名册;

③职业病危害因素定期检测、评价结果。

用人单位应对下列劳动者进行上岗前的职业健康检查:

①拟从事接触职业病危害作业的新录用劳动者,包括转岗到该作业岗位的劳动者;

②拟从事有特殊健康要求作业的劳动者。

用人单位不得安排未经上岗前职业健康检查的劳动者从事接触职业病危害的作业,不得安排有职业禁忌的劳动者从事其所禁忌的作业。

用人单位应根据劳动者所接触的职业病危害因素,定期安排劳动者进行在岗期间的职业健康检查。

对在岗期间的职业健康检查,用人单位应按照《职业健康监护技术规范》(GBZ 188)等国家职业卫生标准的规定和要求,确定接触职业病危害的劳动者的检查项目和检查周期。需要复查的,应根据复查要求增加相应的检查项目。

出现下列情况之一的,用人单位应立即组织有关劳动者进行应急职业健康检查:

①接触职业病危害因素的劳动者在作业过程中出现与所接触职业病危害因素相关的不适症状的;

②劳动者受到急性职业中毒危害或者出现职业中毒症状的。

对准备脱离所从事的职业病危害作业或者岗位的劳动者,用人单位应在劳动者离岗前30日内组织劳动者进行离岗时的职业健康检查。劳动者离岗前90日内的在岗期间的职业健康检查可以视为离岗时的职业健康检查。

用人单位对未进行离岗时职业健康检查的劳动者,不得解除或者终止与其订立的劳动合同。用人单位应及时将职业健康检查结果及职业健康检查机构的建议以书面形式如实告知劳动者。

用人单位应根据职业健康检查报告,采取下列措施:

①对有职业禁忌的劳动者,调离或者暂时脱离原工作岗位;

②对健康损害可能与所从事的职业相关的劳动者,进行妥善安置;

③对需要复查的劳动者,按照职业健康检查机构要求的时间安排复查和医学观察;

④对疑似职业病病人,按照职业健康检查机构的建议安排其进行医学观察或者职业病诊断。

(5)职业病危害项目申报

用人单位工作场所存在职业病目录所列职业病的危害因素的,应及时、如实向所在地安全生产监督管理部门申报危害项目,并接受安全生产监督管理部门的监督管理。中央企业、省属企业及其所属用人单位的职业病危害项目,应向其所在地设区的市级人民政府安全生产监督管理部门申报。其他用人单位的职业病危害项目,应向其所在地县级人民政府安全生产监督管理部门申报。

职业病危害因素按照《职业病危害因素分类目录》确定。职业病危害项目申报同时采取电子数据和纸质文本两种方式。用人单位应首先通过"职业病危害项目申报系统"进行电子数据申报,同时将《职业病危害项目申报表》加盖公章并由本单位主要负责人签字后,连同有关文件、资料一并上报所在地设区的市级、县级安全生产监督管理部门。

用人单位有下列情形之一的,应按照本条规定向原申报机关申报变更职业病危害项目内容:

①进行新建、改建、扩建、技术改造或者技术引进建设项目的,自建设项目竣工验收之日起30日内进行申报;

②因技术、工艺、设备或者材料等发生变化导致原申报的职业病危害因素及其相关内容发生重大变化的,自发生变化之日起15日内进行申报;

③用人单位工作场所、名称、法定代表人或者主要负责人发生变化的,自发生变化之日起15日内进行申报;

④经过职业病危害因素检测、评价,发现原申报内容发生变化的,自收到有关检测、评价结果之日起15日内进行申报。

### 13.1.3 企业工作思路及关注的重点

企业应按照上述要求编制本单位的职业健康管理制度,成立职业健康管理机构;按照本单位的员工人数按比例设置专(兼)职管理人员岗位,并严格按照国家规定结合企业的实际情况开展相关职业健康检查和职业危害项目申报工作。

其中职业健康管理制度需要形成体系文本,制度内容完善、职责明确,并做好日常管理制度的台账记录,以备考评人员进行考核。

对于企业内从事接触职业病危害的作业人员,应严格按照国家要求组织有关员工开展职业健康检查,并建立职业健康监护档案,并将员工的职业健康检查报告进行归档备案,以备考评人员进行考核。

### 13.1.4 编制依据

(1)《中华人民共和国职业病防治法》(中华人民共和国主席令〔2011〕第52号);

(2)《用人单位职业健康监护监督管理办法》(国家安全生产监督管理总局令〔2012〕第49号);

(3)《职业病危害项目申报办法》(国家安全生产监督管理总局令〔2012〕第48号);

(4)《国家安全监管总局关于贯彻落实〈职业病危害项目申报办法〉进一步加强职业病危害项目申报工作的通知》(国家安全生产监督管理局安监总安健〔2012〕75号);

(5)《作业场所职业健康监督管理暂行规定》(国家安全生产监督管理总局令〔2009〕第23号);

(6)《用人单位职业病防治指南》(GBZ/T 225—2010);

(7)《职业健康监护技术规范》(GBZ 188—2007);

(8)《职业健康安全管理体系　要求》(GB/T 28001—2011);

(9)《职业健康安全管理体系　实施指南》(GB/T 28002—2011)。

## 13.2 工伤保险

### 13.2.1 考核要点

交通运输部制定的《港口客运(滚装、渡船渡口)码头企业安全生产达标考评指标》中规定,第十二大要素“职业健康”的第二个考核要点“工伤保险”按照以下内容进行考核:

按规定为员工参加工伤保险。

### 13.2.2 考核要点解析

用人单位必须依法参加工伤保险,应将参加工伤保险的有关情况在本单位内公示,职工发生工伤时,用人单位应采取措施使工伤职工得到及时救治。

职工发生事故伤害或者按照职业病防治法规定被诊断、鉴定为职业病,所在单位应自事故伤害发生之日或者被诊断、鉴定为职业病之日起30日内,向统筹地区社会保险行政部门提出工伤认定申请。遇有特殊情况,经报社会保险行政部门同意,申请时限可以适当延长。

用人单位未按规定提出工伤认定申请的,工伤职工或者其近亲属、工会组织在事故伤害发生之日或者被诊断、鉴定为职业病之日起1年内,可以直接向用人单位所在地统筹地区社会保险行政部门提出工伤认定申请。

用人单位未在规定的时限内提交工伤认定申请,在此期间发生符合本条例规定的工伤待遇等有关费用由该用人单位负担。

劳动者被诊断患有职业病,但用人单位没有依法参加工伤保险的,其医疗和生活保障由该用人单位承担。

### 13.2.3 企业工作思路及关注的重点

企业除依法对存在劳动关系的劳动者(包括临时工)缴纳工伤保险费,应及时对缴纳情况进行公示。特别是在劳动者被诊断、鉴定为职业病的情况,企业应按照规定在时限内向保险行政部门提出工伤认定申请,依法保障劳动者的合法权益。

企业应将每年缴纳工伤保险费的发票等回执进行归档备案,以备考评人员进行考核。

### 13.2.4 编制依据

(1)《中华人民共和国职业病防治法》(中华人民共和国主席令〔2011〕第52号);

(2)《工伤保险条例》(中华人民共和国国务院令〔2003〕第375号)。

## 13.3 危害告知

### 13.3.1 考核要点

交通运输部制定的《港口客运(滚装、渡船渡口)码头企业安全生产达标考评指标》中规定,第十二大要素“职业健康”的第三个考核要点“危害告知”按照以下内容进行考核:

对从业人员进行职业健康宣传培训。使其了解其作业场所和工作岗位存在的危险因素和职业危害、防范措施和应急处理措施,降低或消除危害后果的事项。

### 13.3.2 考核要点解析

1)考核要点分解

为方便企业充分认识该考核内容的内涵,有针对性地开展相关标准化建设工作,依据国家相关法律法规、标准规范、规章制度对上述考核内容进行分解,主要包括以下4个方面:

(1)辨识码头作业职业病危害因素;

(2)针对性的宣传、培训活动;

(3)职业病危害告知;

(4)设置警示标识。

2)内容和要求

(1)客运(滚装、渡船渡口)码头的主要职业健康危害因素辨识

针对客运(滚装、渡船渡口)码头作业的特点和装卸工艺,存在的主要职业健康危害因素包括:

①粉尘

粉尘对人体伤害主要取决于粉尘的种类、粒径和游离的二氧化硅的含量。当粉尘种类和游离二氧化硅含量及接尘时间一定时,粉尘对接尘人员的伤害,则取决于粉尘的分散度。对尘肺病而言,分散度越高,微细粉尘占的比率越大,则进入人体肺部的几率越高,危害越大。一般尘粒在肺内滞留率随粒径减小而增加;2 ~ 10μm 的尘粒大部分滞留在呼吸道,仅有少部分进入肺内;大于 10μm 的尘粒绝大部分被滞留在鼻腔和咽喉部位,只有极少数部分进入气管和肺部。

码头作业场所粉尘有害由装卸货物的种类、装卸工艺、装卸设备和所采取的除尘设施决定。一般情况下,开敞式设备和工艺转接处等作业场所的粉尘浓度较大,而采用封闭式设备的作业场所的粉尘浓度较小。

对于大多数客运(滚装、渡船渡口)码头而言,粉尘主要是由场内机动车辆运输碾压起尘和风力扬尘。

②噪声

噪声可分为空气动力噪声、机械性噪声和电磁噪声 3 类。

a. 空气动力噪声是由于气体压力变化引起气体扰动,以及气体与其他物体相互作用所致,如各种风机、空气压缩机、风动工具、喷气发动机和汽轮机等由于压力脉冲和气体排放发出的噪声。

b. 机械噪声是由于机械碰撞、摩擦或质量不平衡旋转等机械力作用引起固体部件振动所产生的噪声。

c. 电磁性噪声是由于磁场脉冲、磁致伸缩引起电气部件振动所致,如大型电动机、发电机和变压器等产生的噪声。

噪声对人体的危害是多方面的。对听觉系统,噪声会造成暂时性或永久性听觉损伤,特别是长期接触高强度噪声会导致内耳耳蜗底部的感受器发生不可逆病变,或者永久性听觉损伤,形成噪声性耳聋,而这种耳聋一旦发生就难以治愈。因此,噪声对听觉系统的影响很大,进而影响到作业人员的日常工作或生活。此外,噪声还会对人的神经系统、心血管系统、消化系统产生不良影响。

码头作业面上多台装卸运输设备集群作业时发动机噪声叠加，码头陆域公用站房设备（如污水处理鼓风机、地源热泵房的热泵机组、供水泵组等）均存在噪声源；若设备及工作场所的消声、隔声措施不良，人员个体防护不当，长期接触超标噪声，可能造成职业性耳鸣、耳聋；或因噪声影响，使人精神不集中，易引发次生伤害。

③高温

码头作业面上装卸作业多在露天进行，夏季太阳热辐射对港区作业人员产生影响，特别是有部分作业人员在船甲板上、船舱内进行作业，这类作业人员在夏季除受到太阳的热辐射作用外，还接受被晒热的舱体和货物放出的热辐射。这些作业人员均受到高温影响而处于高温作业环境中。当高温环境的热强度超过一定限度时，会对人体健康产生一系列影响，有可能造成作业人员烦躁、恶心甚至晕厥等身体不适和异常情况。当这些情况出现时，可能会导致工作人员面临车辆伤害、机械伤害、高处坠落和淹溺等事故危险。

客运（滚装、渡船渡口）码头面上主要高温作业岗位有：船舱、船甲板、车辆集疏运装卸场和码头前沿作业人员及指挥人员、流动机械司机室内的操作人员等。

④低温

由于码头作业均为室外作业，当冬季低温作业时，作业人员由于机体热量散失较多，关节僵硬灵活性降低，其动作的准确性、协调性以及体力和反应能力均有所下降，严重的会发生冻伤，作业人员的身体健康会受到一定的危害，对生产造成不利影响。

码头面上低温作业岗位有船舱、船甲板、车辆集疏运装卸场、码头前沿作业人员和指挥人员。因此，在冬季低温作业条件下必须对人体采取防冻保暖措施，减少低温作业环境对作业人员造成的危害。

⑤振动

在生产过程中，生产设备、工具产生的振动称为生产性振动。在生产中，手臂振动所造成的危害较明显和严重，国家已将手臂振动病列为职业病。在码头作业过程中，存在手臂振动的生产作业主要是驾驶交通运输车辆和装卸车辆的司机。

⑥辐射

a. 射频辐射

射频辐射主要分为高频电磁场、超高频电磁场和微波 3 个波段。射频辐射主要运用在干燥、烘干、消毒、灭菌等工艺上。生产场所接触射频辐射多是由于设备密闭结构不严，造成能量外泄导致人员接触。一般情况下，射频辐射对人体的影响不会导致组织器官的器质性损伤，主要是引起功能性改变，并具有可逆性特性，在停止接触数周或数月后往往可恢复。

b. 红外线辐射

在生产环境中，加热金属及强发光体等可称为红外线辐射源，码头面上焊接工可受到红外线辐射。红外线对机体的影响主要是皮肤和眼睛。

c. 紫外线辐射

电焊、氧乙炔气焊、氩弧焊等焊接工可受到紫外线辐射的影响,紫外线辐射可能造成职业病——电光性眼炎。此外,在码头作业面上作业时,受到大量太阳光中紫外线照射,可能引起类似电光性眼炎的角膜、结膜损伤。

d. 电离辐射

能产生电离辐射的物质或装置,主要包括天然放射性核素、人工放射性核素和 X 线机等,如现场作业涉及相关物质或设备的,需考虑电离辐射的影响。

(2)针对性的宣传、培训活动

①职业健康管理人员的培训

用人单位的主要负责人和职业卫生管理人员应接受职业卫生培训,遵守职业病防治法律、法规,依法组织本单位的职业健康培训工作。

②对上岗前的劳动者进行职业卫生培训

用人单位应对上岗前或变更工作岗位或工作内容的劳动者进行职业健康培训做出明确规定。未经上岗前职业健康培训的劳动者一律不得安排上岗。培训的内容应包括职业健康法律法规、规章、操作规程、所在岗位的职业病危害及其防护设施、个人职业病防护用品的使用和维护、劳动者所享有的职业健康权力等内容。

③定期对在岗期间的劳动者进行职业健康培训

用人单位应定期对在岗期间的劳动者进行职业健康培训做出明确规定。培训的内容除上岗前需培训以外,还应包括事故应急救援知识等针对性内容。

(3)职业病危害告知

①签订劳动合同

用人单位应与所有形式的用工者签订劳动合同,在劳动合同中,用人单位应将工作过程中可能产生的职业病危害的种类、危害程度、后果以及职业病防护措施和待遇告知劳动者,将职业病危害告知作为劳动合同的必备条款。劳动合同签订后,用人单位变更劳动者工作岗位或工作内容,使劳动者接触原签订的劳动合同中没有告知的职位健康危害因素时,应如实向劳动者告知并作说明。

②告知操作规程和职业健康危害事故应急救援措施

用人单位应在工作场所的醒目位置展示和宣传涉及职业病危害因素岗位的操作规程和事故应急救援措施。操作规程应简明易懂、条款清楚、用词规范,应保证劳动者理解掌握。职业病危害事故应急救援措施应针对作业岗位的特点,包括事故发生后的报告程序、时限、自救、他救方法和临时应急处置原则等。

③作业场所职业病危害因素监测、评价结果告知

用人单位在对作业场所进行职业病危害因素监测和评价后应采用公告栏、合同、书面通知或其他有效方法告知劳动者相关监测和评价结果。

④警示标识

工作场所职业病危害警示标识是指在工作场所设置的可以使劳动者对职业病危害产生警觉,并采取相应防护措施的图形标识、警示线、警示语句和文字。

a. 职业病危害工作场所警示标识的设置

在产生粉尘的作业场所设置"注意粉尘"警告标识和"戴防尘口罩"指令标识。

在可能产生职业性灼伤和腐蚀的作业场所,设置"当心腐蚀"警告标识和"穿防护服"、"戴防护手套"、"穿防护鞋"等指令标识。

在产生噪声的作业场所,设置"噪声有害"警告标识和"戴护耳器"指令标识。

在高温作业场所,设置"注意高温"警告标识。

在可引起电光性眼炎的作业场所,设置"当心弧光"警告标识和"戴防护镜"指令标识。

存在生物性职业病危害因素的作业场所,设置"当心感染"警告标识和相应的指令标识。

存在放射性同位素和使用放射性装置的作业场所,设置"当心电离辐射"警告标识和相应的指令标识。

b. 设备警示标识的设置

在可能产生职业病危害的设备上或其前方醒目位置设置相应的警示标识。

c. 产品包装警示标识的设置

可能产生职业病危害的化学品、放射性同位素和含放射性物质的材料,产品包装要设置相应的醒目警示标识和简明中文警示说明。警示说明载明产品特性、存在的有害因素、可能产生的危害后果,安全使用注意事项以及应急救治措施内容。

d. 储存场所警示标识的设置

储存可能产生职业病危害的化学品、放射性同位素和含有放射性物质材料的场所,在入口处和存放处设置相应的警示标识以及简明中文警示说明。

⑤职业病危害事故现场警示线的设置

在职业病危害事故现场,根据实际情况,设置临时警示线,划分出不同功能区。

红色警示线设在紧邻事故危害源周边。将危害源与其他的区域分隔开来,限佩戴相应防护用具的专业人员可以进入此区域。黄色警示线设在危害区域的周边,其内外分别是危害区和洁净区,此区域内的人员要佩戴适当的防护用具,出入此区域的人员必须进行洗消处理。绿色警示线设在救援区域的周边,将救援人员与公众隔离开来。患者的抢救治疗、指挥机构设在此区内。

### 13.3.3 企业工作思路及关注的重点

用人单位应做好职业健康培训记录及存档工作,存档内容包括培训通知、教材、试卷、考核成绩等,档案资料由专人负责保管。用人单位应在厂区的醒目位置以书面形式将职业卫生方针、各岗位的职业病危害因素以及防范、应急措施加以公布和宣传。

### 13.3.4 编制依据

(1)《中华人民共和国职业病防治法》(中华人民共和国主席令〔2011〕第52号);

(2)《用人单位职业病防治指南》(GBZ/T 225—2010);

(3)《工业场所职业病危害警示标识》(GBZ 158—2003);

(4)《工业企业设计卫生标准》(GBZ 1—2010);

(5)《粉尘作业场所危害程度分级》(GB/T 5817—2009);

(6)《高温作业分级》(GB/T 4200—2008);

(7)《工业场所有害因素职业接触限制　第1部分:化学有害因素》(GB/T 2.1—2007);

(8)《工业场所有害因素职业接触限制　第2部分:物理因素》(GB/T 2.2—2007)。

## 13.4 环境与条件

### 13.4.1 考核要点

交通运输部制定的《港口客运(滚装、渡船渡口)码头企业安全生产达标考评指标》中规定,第十二大要素“职业健康”的第四个考核要点“环境与条件”按照以下内容进行考核:

为从业人员提供符合职业健康要求的工作环境和条件,配备与职业病保护相适应的设施、工具。

### 13.4.2 考核要点解析

1) *考核要点分解*

为方便企业充分认识该考核内容的内涵,有针对性地开展相关标准化建设工作,依据国家相关法律法规、标准规范、规章制度对上述考核内容进行分解,主要包括以下4个方面:

(1)建设项目职业卫生“三同时”;

(2)主要职业病危害因素控制方法;

(3)防护设施和个人职业病防护用品;

(4)职业病危害岗位监护。

2) *内容和要求*

(1)建设项目职业卫生“三同时”

建设项目职业卫生“三同时”是指建设项目职业病防护设施必须与主体工程同时设计、同时施工、同时投入生产和使用,职业病防护设施所需费用应纳入建设项目工程预算。建设单位对可能产生职业病危害的建设项目,应依法向安全生产监督管理部门申请职业卫生“三同时”的备案、审核和竣工验收。

职业病防护设施，是指消除或者降低工作场所的职业病危害因素的浓度或者强度，预防和减少职业病危害因素对劳动者健康的损害或者影响，保护劳动者健康的设备、设施、装置、构(建)筑物的总称。

国家根据建设项目可能产生职业病危害的风险程度，按照下列规定对其实行分类监督管理：

①职业病危害一般的建设项目，其职业病危害预评价报告应向安全生产监督管理部门备案，职业病防护设施由建设单位自行组织竣工验收，并将验收情况报安全生产监督管理部门备案；

②职业病危害较重的建设项目，其职业病危害预评价报告应报安全生产监督管理部门审核；职业病防护设施竣工后，由安全生产监督管理部门组织验收；

③职业病危害严重的建设项目，其职业病危害预评价报告应报安全生产监督管理部门审核，职业病防护设施设计应报安全生产监督管理部门审查，职业病防护设施竣工后，由安全生产监督管理部门组织验收。

根据《建设项目职业病危害风险分类管理目录》(2012 年版)的规定，货运港口的职业病危害风险分类应该属于"较重"。所以客运(滚装、渡船渡口)码头应按要求开展建设项目职业卫生"三同时"工作。

①职业病危害预评价

建设单位应在建设项目可行性论证阶段委托具相应资质的职业卫生技术服务机构进行职业病危害预评价，编制预评价报告。报告编制完成后建设单位应组织有关职业卫生专家，对职业病危害预评价报告进行评审。评审后建设单位按规定向安全生产监督管理部门申请职业病危害预评价备案或者审核。建设项目职业病危害预评价报告经安全生产监督管理部门备案或者审核同意后，建设项目的选址、生产规模、工艺或者职业病危害因素的种类、职业病防护设施等发生重大变更的，建设单位应对变更内容重新进行职业病危害预评价，办理相应的备案或者审核手续。

②职业病防护设施设计

存在职业病危害的建设项目，建设单位应委托具有相应资质的设计单位编制职业病防护设施设计专篇。建设单位在职业病防护设施设计专篇编制完成后，应组织有关职业卫生专家，对职业病防护设施设计专篇进行评审。对职业病危害一般和职业病危害较重的建设项目，建设单位应在完成职业病防护设施设计专篇评审后，按照有关规定组织职业病防护设施的施工。

③职业病危害控制效果评价和防护设施竣工验收

建设项目职业病防护设施应由取得相应资质的施工单位负责施工，并与建设项目主体工程同时进行。建设项目完工后，需要进行试运行的，其配套建设的职业病防护设施必须与主体工程同时投入试运行。试运行时间应不少于 30 日，最长不得超过 180 日。

建设项目试运行期间,建设单位应对职业病防护设施运行的情况和工作场所的职业病危害因素进行监测,并委托具有相应资质的职业卫生技术服务机构进行职业病危害控制效果评价。建设单位在职业病危害控制效果评价报告编制完成后,应组织有关职业卫生专家对职业病危害控制效果评价报告进行评审。

建设单位应向安全生产监督管理部门申请建设项目职业病防护设施竣工验收,建设项目职业病防护设施竣工后未经安全生产监督管理部门备案同意或者验收合格的,不得投入生产或者使用。

(2)主要职业病危害因素控制方法

①粉尘

目前国内外采用的主要粉尘防治措施主要归纳为湿法、干法、干湿法和其他机械物理方法。

湿法除尘系统主要是喷洒水、喷雾、道路洒水等,具有除尘效率高、运转费用低、操作简单、应用广泛等特点。干法除尘措施主要有密闭构造、集尘装置、覆盖压实等,局部除尘效果好,不受水源和季节气温限制,在一定程度上能够解决北方港口冰冻期湿法除尘所面临的一些问题。干湿结合是把全部堆场和整个装卸作业区作为一个系统考虑,根据各除尘环节和部位特点分别选择干法和湿法除尘的各种技术措施综合治理。另外,机械物理方法主要有防风网、防尘林带、真空吸尘技术等。

总体来说,粉尘的控制方法是针对产生粉尘的生产过程和设备,应优先采用机械化和自动化,避免直接人工操作。对移动的扬尘和逸散毒物的作业,应与主体工程同时设计移动式轻便防尘和排毒设备。

②噪声

控制噪声的有效措施主要分为以下3类:

a.消除或降低噪声、振动源。为防止振动,使用隔绝物质等。

b.消除或减少噪声、振动的传播,如吸声、隔声、隔振、阻尼。

c.加强个人防护和健康监护。

③高温

码头作业防高温的方法主要包括:

a.工艺流程的设计尽量使操作人员远离热源。

b.码头作业面上设置休息室,休息室应远离热源,采取通风、降温、隔热等措施。

c.各类装卸机械操作间如门座起重机、水平运输车辆驾驶室等应具有良好的隔热措施和降温措施。

d.当作业地点日最高温度≥35℃时,应减少高温作业时间。

④防寒

码头作业防高温的方法主要为,当工作地点不固定时,需要持续低温作业,应在工作场所附近设置取暖室。

⑤振动

控制振动的措施主要包括：

a. 控制振动源；

b. 改革工艺；

c. 限制作业时间和振动强度；

d. 改善作业环境，加强个人防护及健康监护。

(3)防护设施和个人职业病防护用品

用人单位必须采用有效的职业病防护设施，并为劳动者提供个人使用的职业病防护用品。用人单位为劳动者个人提供的职业病防护用品必须符合防治职业病的要求，不符合要求的，不得使用。

对职业病防护设备、应急救援设施和个人使用的职业病防护用品，用人单位应进行经常性的维护、检修，定期检测其性能和效果，确保其处于正常状态，不得擅自拆除或者停止使用。

①职业病防护设施

职业病危害防护设施是以预防、消除或者降低工作场所的职业病危害，减少职业病危害因素对劳动者健康的损害或影响，达到保护劳动者健康目的的装置。用人单位应根据生产工艺特点、生产条件和工作场所存在的职业病危害因素性质选择相应的职业病防护设施。

职业病防护设施应保证确实有效，用人单位应建立相应的保管制度，保证责任到位、有人负责、定期检查、及时维修，并记录日常运转记录。

②个人职业病防护用品

个人职业病防护用品是指劳动者在职业活动中个人随身穿戴的特殊用品，是个人防护职业病危害因素的最后一道防线。常见的个人职业病防护用品主要有：防护帽、防护服、防护手套、防护眼镜、防护口罩、耳塞、呼吸防护器等。

用人单位应根据工作场所的职业病危害因素种类对人体的影响途径以及现场生产条件，职业病危害因素的水平以及个人的生理健康状况等特点，为劳动者配备适宜的个人职业病防护用品。职业病防护用品必须是由具有相应资质的厂家生产的符合国家或行业标准的产品。

(4)职业危害岗位监护

用人单位应根据工作场所职业危害因素的特点，按岗位确定其相应的职业禁忌症，并根据职业健康监护结果，按照国家的有关规定，对患有职业禁忌症的劳动者进行妥善处理。如在上岗前体检发现的，不能安排患有职业禁忌症的劳动者从事其所禁忌的作业，如是在岗期间发现的，应从劳动者禁忌的作业岗位调离。

用人单位不得安排未成年工从事接触职业病危害的作业,不得安排孕期、哺乳期的女职工从事对其本人和胎儿、婴儿有危害的作业,并且禁止使用童工。

用人单位应给予从事接触职业病危害作业的劳动者适当岗位津贴,并制定职业危害岗位的轮岗制度或每年定期安排相关员工休假和疗养。岗位津贴、轮岗、休假等应在劳动合同中予以确认。

用人单位在在岗期间定期体检中,一旦发现劳动者出现与从事的职业相关的健康损害,应将其调离原岗位,做好再就业的基础培训,同时还应进行妥善安置,包括调换工种和岗位、医学观察、诊断、治疗和疗养等一系列措施。

### 13.4.3 企业工作思路及关注的重点

1) 职业卫生"三同时"工作

建设单位按规定向安全生产监督管理部门申请职业病危害预评价备案或者审核时,应提交下列文件、资料:

(1)建设项目职业病危害预评价备案或者审核申请书;

(2)建设项目职业病危害预评价报告;

(3)建设单位对预评价报告的评审意见;

(4)职业卫生专家对预评价报告的审查意见;

(5)职业病危害预评价机构的资质证明(影印件);

(6)法律、行政法规、规章规定的其他文件、资料。

职业病危害较重的建设项目竣工验收时,建设单位按规定向安全生产监督管理部门申请建设项目职业病防护设施竣工验收时,应提交下列文件、资料:

(1)建设项目职业病防护设施竣工验收申请书;

(2)建设项目职业病危害预评价报告审核批复文件;

(3)建设项目职业病危害控制效果评价机构资质证明(影印件);

(4)建设项目立项审批文件(复印件);

(5)建设项目职业病防护设施设计专篇;

(6)建设项目职业病危害控制效果评价报告;

(7)职业卫生专家对职业病危害控制效果评价报告的审查意见;

(8)建设单位对职业病危害控制效果评价报告的评审意见;

(9)建设项目职业病防护设施施工单位和监理单位资质证明(影印件);

(10)法律、行政法规、规章规定的其他文件、资料。

2) 职业病危害因素防护措施和个人防护

(1)防尘防毒

企业应根据现场作业和环境的特性,设计相应的防尘、通风措施,使作业人员的工作场所有害物质浓度符合相关标准的要求,如预期劳动者解除浓度不符合要求的,应根据实际解除情况,采取有效的个人防护措施。

(2)噪声、振动

各种装卸设备和水平运输机械是主要的噪声源,可以采取的有效防噪声措施是:封闭设备、封闭强噪声源(如采用转运站),减少装卸作业中的噪声,并为噪声场所作业人员配带耳塞等个体防护用品。

对于各种装卸车辆的司机容易受到振动的伤害,除了缩减当班司机的作业时间外,作业环境特别是厂内道路应保持平整,以降低车辆行驶中的振动。

(3)高温、低温作业防护

码头港区作业基本为露天作业,在高温、低温作业环境下,主要采取的防暑防寒措施为:

①夏季高温作业场所,如大型装卸机械驾驶室内配置风扇或空调等装置,并为现场工作人员供应防暑清凉饮料。

②冬季低温作业,在大型机械司机室内配取暖设备并为冬季露天作业人员配置御寒工作服。

3)职业病防护设施的台账建立

用人单位应建立职业病防护设施台账,台账包括设备名称、型号、生产厂家名称、主要技术参数、安装部位、安装日期、使用目的、使用和维修记录、使用人、保管责任人等内容。台账应有专人负责保管,定期更新,以备考评人员进行考核。

4)个人职业病防护用品的管理

用人单位应建立个人职业病防护用品管理制度,并制定个人职业病防护用品配备计划,明确经费来源、防护用品的技术指标、更换周期等。针对不同作业岗位,按工种和实际存在的职业病危害因素水平配备防护用品。个人职业病防护用品应派专人负责、定期检查、及时更换超过有效期的用品。用人单位在发放个人职业病职业防护用品的同时应做好记录,包括发放时间、工种、防护用品名称、数量、领用人或带领人签字等内容。记录需专人保管存档,以备考评人员进行考核。

5)职业病危害岗位监护

用人单位在签订合同时,在合同中应明确针对职业病危害岗位的特殊待遇,例如岗位津贴、轮岗制度、每年的带薪休假、疗养等。

建立女职工档案,包括育龄女职工、孕期女职工或者哺乳期女职工。

### 13.4.4 编制依据

(1)《建设项目职业卫生"三同时"监督管理暂行办法》(国家安全生产监督管理总局令〔2012〕第51号);

(2)《国家安全监管总局关于公布建设项目职业病危害风险分类管理目录(2012年版)的通知》(国家安全生产监督管理局安监总安健〔2012〕73号);

(3)《国家安全监管总局办公厅关于印发建设项目职业病危害预评价报告审核(备案)申请书等文书的通知》(国家安全生产监督管理局安监总厅安健〔2012〕69号);

(4)《作业场所职业健康监督管理暂行规定》(国家安全生产监督管理总局令〔2009〕第23号);

(5)《用人单位职业病防治指南》(GBZ/T 225—2010);

(6)《工业企业设计卫生标准》(GBZ 1—2010)。

## 13.5 术语和定义

1) 工作场所

劳动者进行职业活动,且由用人单位直接或间接控制的所有工作地点。

2) 工作地点

劳动者从事职业活动或进行生产管理而经常或定时停留的岗位或作业地点。

3) 职业病危害因素

在职业活动中产生或存在的,可能对职业人群健康、安全或作业能力造成不良影响的因素或条件,包括化学、物理、生物等因素。

4) 职业接触限值

劳动者在职业活动过程中长期反复接触,对绝大多数接触者的健康不引起有害作用的容许接触水平,是职业性有害因素的接触限制量值。化学有害因素的职业接触值包括时间加权平均容许浓度、短时间接触容许浓度和最高容许浓度三类。物理因素职业接触限值包括时间加权平均容许限值和最高容许限值。

5) 粉尘

能够较长时间悬浮于空气中的固体微粒。

6) 高温作业

在高气温、有强烈的热辐射或伴有高气湿相结合的异常气象条件下,WBGT指数超过规定限值的作业。

7) 低温作业

平均气温≤5℃的作业。

8) 噪声

一切有损听力、有害健康或有其他危害的声响。

9）手传振动

又称手臂振动或局部振动，是指生产中使用振动工具或接触受振动工件时，直接作用或传递到人手臂的机械振动或冲击。

10）电离辐射

能使受作业物质发生电离现象的辐射，即波长 $<100nm$ 的电磁辐射。

11）非电离辐射

波长 $>100nm$ 不足引起生物体电离的电磁辐射。

# 14 安 全 文 化

## 14.1 安全环境

### 14.1.1 考核要点

交通运输部制定的《港口客运(滚装、渡船渡口)码头企业安全生产达标考评指标》中规定,第十三大要素“安全文化”的第一个考核要点“安全环境”按照以下内容进行考核:

(1)设立安全文化廊、安全角、黑板报、宣传栏等员工安全文化阵地,每月至少更换两次内容;

(2)公开安全生产举报电话号码、通信地址或者电子邮件信箱。对接到的安全生产举报和投诉及时予以调查和处理。

### 14.1.2 考核要点解析

1)考核要点分解

为方便企业充分认识该考核内容的内涵,有针对性地开展相关标准化建设工作,依据国家相关法律法规、标准规范、规章制度对上述考核内容进行分解,主要包括以下5个方面:

(1)安全文化的定义和内涵;

(2)安全文化建设的基本要素;

(3)安全环境的体现形式;

(4)安全文化的宣传;

(5)安全生产举报和投诉。

2)内容和要求

(1)安全文化的定义和内涵

企业安全文化是指企业在长期安全生产和经营活动中逐步形成的,或有意识塑造的为全体员工接受、遵循的,具有企业特色的安全价值观、安全思想和意识、安全作风和态度、安全管理机制及行为规范、安全生产和奋斗目标,为保护员工身心安全与健康而创造的安全、舒适的生产和生活环境及条件,是企业安全物质因素和安全精神因素的综合。

一个企业的安全文化是企业在长期安全生产和经验活动中逐步培育形成的,具有本企业特点,为全体员工认可、遵循并不断创新的观念、行为、环境、物态条件的总和。企业安全文化包括员工在从事安全生产经营活动中的身心安全与健康,既包括无损、无害、不伤、不亡的物质条件和作业环境,也包括员工对安全的意识、信念、价值观、经营思想、道德规范、企业安全激励进取精神等安全的精神因素。

(2)企业安全文化建设的基本要素

①安全承诺

企业应建立包括安全价值观、安全愿景、安全使命和安全目标等在内的安全承诺。安全承诺应做到:切合企业特点和实际,反映共同安全志向;明确安全问题在组织内部具有最高优先权;声明所有与企业安全有关的重要活动都追求卓越;含义清晰明了,并被全体员工和相关方所知晓理解。

②行为规范与程序

企业内部的行为规范是企业安全承诺的具体体现和安全文化建设的基础要求。企业应确保拥有能够达到和维持安全绩效的管理系统,建立界定清晰的组织结构和安全职责体系,有效控制全体员工的行为。

行为规范的建立和执行应做到:体现企业的安全承诺;明确各级各岗位人员在安全生产工作中的职责和权限;细化有关安全生产的各项规章制度和操作程序;行为规范的执行者参与规范系统的建立,熟知自己在组织中的安全角色和责任;有正式文件予以发布;引导员工理解和接受建立行为规范的必要性,知晓由于不遵守规范所引起的潜在不利后果;通过各级管理者或被授权者观测员工行为;实施有效监控和缺陷纠正;广泛听取员工意见,建立持续改进机制。

③安全行为激励

企业在审查和评估自身安全绩效时,除使用事故发生率等消极指标外,还应使用旨在对安全绩效给予直接认可的积极指标。企业应建立员工安全绩效评估系统,建立将安全绩效与工作业绩相结合的奖励制度。

④安全信息传播与沟通

企业应建立安全信息传播系统,综合利用各种传播途径和方式,提高传播效果。企业应优化安全信息的传播内容,将组织内部有关安全的经验、实践和概念作为传播内容的组成部分。企业应就安全事项建立良好的沟通程序,且确保企业与政府监管机构和相关方、各级管理者与员工、员工相互之间的沟通。

⑤自主学习与改进

企业应建立有效的安全学习模式,实现动态发展的安全学习过程,保证安全绩效持续改进。企业应将与安全相关的任何事件,尤其是人员失误或组织错误事件,当作能够从中汲取经验教训的宝贵机会,从而改进行为规范和程序,获得新的知识和能力。

⑥安全事务参与

全体员工都应认识到自己负有自身和同事安全作出贡献的重要责任。企业应根据自身的特点和需要确定员工参与的形式。

⑦审核和评估

企业应对自身安全文化建设情况进行定期的全面审核,审核内容包括:领导者应定期组织各级管理者评审企业安全文化建设过程的有效性和安全绩效结果;领导者应根据审核结果确定并落实整改不符合、不安全实践和安全缺陷的优先次序,并识别新的改进机会等。

(3)安全环境的体现形式

企业的安全环境主要体现在:

①安全指引

企业应综合运用各种途径和方法,有效引导员工安全生产。主要从安全标识运用、安全操作指示、安全绩效引导、应激调适机制等方面进行评估。

②安全防护

企业应根据生产作业环境特点,做好安全防护工作,安装有效的防护设施和设备,提供充足的个体防护用品。

③环境感受

环境感受是员工对一般作业环境和特殊作业环境的综合感观和评价,是对作业环境的安全保障效果的主观性评估。主要从作业现场的清洁、安全、人性等方面,考察员工的安全感、舒适感和满意度。

(4)安全文化宣传

安全文化的宣传要严格围绕安全管理、思想认识、行为管理、技术培训、影响带动、人物激励等各个方面入手,做到丰富多彩、方法创新。要让安全文化映入职工眼中,就要处处有醒目的安全文化标语、口号、警示语和安全报警标志。要让安全文化挂在职工嘴上,就要使安全文化理念朗朗上口,安全文化人人讲,安全教育、培训、宣传常规化。要让安全文化融入职工脑中,就要使干部职工树立安全事故是可以预防的,安全是可以控制的,做到《安全文化手册》人人有,操作规程人人会;安全事故应急预案人人清楚,能随时启动。要将安全文化落实到工作中,就要领导先行、率先垂范,全员参与安全文化建设,使得安全文化理念的各项管理制度、规范、规程得以执行,人人讲安全话,个个做安全事,把隐患消灭在萌芽状态。通过先进人物的带动、辐射与激励,事故案例的警示与教训,安全监督的网络化。让员工观有效果,感有所受。

安全文化廊、安全角、宣传栏、教育板报、专刊专栏、标语、教育室、警醒室是安全宣传的重要阵地、重要内容和形式,它可以起到警示、鼓动和激励的作用。

(5)安全生产举报和投诉

为充分发挥企业全体员工对安全生产的监督作用,及时掌握企业的安全生产和管理隐患,及时调查处理事故瞒报、事故隐患等各种安全生产违规行为,企业应制定安全生产举报和投诉制度。

制度中应规定企业安全生产举报和投诉范围,包括企业内设备设施的安全隐患、日常安全管理的缺陷、个人防护设备的缺陷、重大事故隐患及私自处理的生产安全事故等安全生产违法、违规行为。

举报和投诉应遵循部门管理、分级负责、谁主管谁负责的原则,部门内部能解决的必须依法及时解决,内部解决不了的,应向公司领导汇报并及时处理。

举报方式可以采用书面报告、电话、电子邮件等方式,企业应向全体员工公布受理投诉和举报的邮编地址、电话号码和电子邮件地址。

接到举报和投诉后,企业应按规定对情况进行核查,对于一般情况应及时处理完毕,并备案形成书面材料报上级领导,如情况严重的,应第一时间报告上级领导,组织调查组进行调查,尽快处理。

### 14.1.3 企业工作思路及关注的重点

企业领导要充分认识安全文化宣传教育的重要性,要看到安全生产板报、专刊专栏、标语、广播、电视等,是职工喜闻乐见的形式,是满足职工对安全生产知识需求的载体。因此,要把安全文化宣传教育的设计、布置作为企业的一项重要工作,充分发挥其在安全生产中的特殊作用,为企业做好安全生产提供精神动力和智力支持。在设计安全文化宣传教育中,要更新观念,从人的需求出发,把关心人、理解人、尊重人、爱护人作为安全宣传教育设计的基本出发点,要采用动之以情、晓之以理的方法,增强安全宣传亲和力和感染力,避免居高临下式的空洞说教,使职工想看、爱看。

安全宣传的基本内容主要包括:

(1)安全法律法规更新

指讲解和学习国家、地方政府及企业内部最新发布和制定的有关安全生产方面的新规定。

(2)安全荣誉汇总

指企业内部历年在安全活动及安全质量评比活动或者竞赛中取得的荣誉等。

(3)安全管理意见箱

指对员工举报和投诉的安全管理上的意见的回复进行公布。

(4)安全生产曝光台

指针对生产过程中的“三违”现象和事故隐患用图片形式予以曝光,并将对其进行的处罚意见进行公布。

(5)安全生产光荣榜

指对在生产过程中安全管理好的班组、车间以及安全生产标兵和安全管理先进个人进行表彰和公布。

(6)安全讨论角

指从新闻媒体或其他途径收集一些有代表性的安全事故案例,组织员工就事故案例发生的原因进行讨论,并把员工讨论结果和观点进行整理公布。

(7)安全文化专栏

指收集员工自己创作的有关安全生产方面的艺术作品,定期宣传一些安全文化、安全生产小常识等。

企业的安全宣传内容应每半个月变化一次,对每次宣传的基本内容做好备案并存档。

企业的安全生产举报和投诉方式应向全体员工进行公布,做好投诉和举报的记录,对每一个举报和投诉情况做到处理及时、有始有终,并做好档案备案,以备考评人员进行考核。

### 14.1.4 编制依据

(1)《国务院关于进一步加强安全生产工作的决定》(国发〔2004〕2 号);

(2)《国务院关于进一步加强企业安全生产工作的通知》(国发〔2010〕23 号);

(3)《国家安全监管总局关于印发安全文化建设“十二五”规划的通知》(国家安全生产监督管理总局安监总政法〔2011〕172 号);

(4)《国家安全监管总局关于开展安全文化建设示范企业创建活动的指导意见》(国家安全生产监督管理总局安监总政法〔2010〕5 号);

(5)《企业安全文化建设导则》(AQ/T 9004—2008)。

## 14.2 安全行为

### 14.2.1 考核要点

交通运输部制定的《港口客运(滚装、渡船渡口)码头企业安全生产达标考评指标》中规定,第十三大要素“安全文化”的第二个考核要点“安全行为”按照以下内容进行考核:

(1)**开展安全承诺活动(一级必备条件)**;

(2)编制安全知识手册,并发放到职工;

(3)组织开展安全生产月活动、安全生产竞赛活动,有方案、有总结;

(4)对在安全工作中做出显著成绩的集体、个人给予表彰、奖励,并与其经济利益挂钩；

(5)对安全生产进行检查、评比、考核，总结和交流经验，推广安全生产先进管理方法。

## 14.2.2 考核要点解析

1）考核要点分解

为方便企业充分认识该考核内容的内涵，有针对性地开展相关标准化建设工作，依据国家相关法律法规、标准规范、规章制度对上述考核内容进行分解，主要包括以下5个方面：

(1)安全生产承诺；

(2)编制安全知识手册；

(3)开展安全生产月活动；

(4)安全行为激励；

(5)自主学习和改进。

2）内容和要求

(1)安全生产承诺

领导者的安全承诺：提供安全工作的领导力，坚持保守决策，以有形的方式表达对安全的关注；在安全生产上真正投入时间和资源；制定安全发展的战略规划，以推动安全承诺实施；接受培训，在与企业相关的安全事务上具有必要的能力；授权组织的各级管理者与员工参与安全生产工作，积极质疑安全问题；安排对安全实践或实施过程的定期审查；与相关方进行沟通和合作。

各级管理者的安全承诺：清晰界定全体员工的岗位安全责任；确保所有与安全相关的活动均采用安全的工作方法；确保全体员工充分理解并胜任所承担的工作；鼓励和肯定在安全方面的良好态度，注重从差错中学习和获益；在追求卓越的安全绩效、质疑安全问题方面以身作则；接受培训，在推进和辅导员工改进安全绩效上具有必要的能力；保持与相关方的交流合作，促进组织部门之间的沟通与协作。

普通员工的安全承诺：在本质工作上始终采取安全的方法；对任何与安全相关的工作保持质疑的态度；对任何安全异常和事件保持警觉并主动报告；接受培训，在岗位工作中具有改进安全绩效的能力；与管理者和其他员工进行必要的沟通。

(2)安全生产月活动

安全生产月是经国务院批准，由国家经委、国家建委、国防工办、国务院财贸小组、国家农委、公安部、卫生部、国家劳动总局、全国总工会和中央广播事业局等十个部门共同作出决定，于1980年6月在全国开展安全生产月活动，并确定今后每年6月都开展安全生产月活动，使之经常化、制度化。

企业开展安全生产月活动要紧紧围绕每年的安全生产月主题,如2011年安全生产月主题为“安全责任、重在落实”,2012年主题为“科学发展、安全发展”。每年将有中共中央宣传部、国家安全生产监督管理总局、公安部、国家广电总局、中华全国总工会、共青团、中央中华妇女联合会联合发文关于当年全国“安全生产月”活动的通知,通知中宣布当年的活动主题和全国性和区域性活动的活动时间和形式。

活动时间一般从当年的5月30日至6月30日为止,其中6月4日至10日为安全生产事故警示教育周、6月10日为安全生产宣传咨询日、6月11日至17日为安全文化周、6月18日至24日为安全生产应急预案演练周,并组织关于安全生产知识的知识竞赛。

针对不同地方(地区)、各行业和各单位应组织开展针对性的宣传报告、展览、研讨交流、歌咏比赛、文艺演出、影视放映等宣传教育活动。

(3)安全行为激励

安全行为的激励是进行安全管理的基本方法之一,在我国长期的安全生产和劳动保护管理工作中,这种方法已被安全管理人员自觉或不自觉地使用,特别是随着安全管理学和安全行为科学的发展,这一方法及其作用得到了进一步的发展。根据安全行为激励的原理,可把激励的方法分为两种。

①外部激励

所谓外部激励就是通过外部力量来激发人的安全行为的积极性和主动性,如设安全奖、改善劳动卫生条件、提高待遇、安全与职务晋升和奖金挂钩、表扬、记功,开展安全竞赛等手段和活动,都是通过外部作用激励人的安全行为。严格、科学地安全监察、监督、检查也是一种外部激励的手段。

②内部激励

内部激励的方法很多,如更新安全知识、培训安全技能、强化观念和情感、理想培养、建立安全远大目标等。内部激励是通过增强安全意识、素质、能力、信心和抱负等来起作用。内部激励是以提高职工的安全生产和劳动保护自觉性为目标的激励方法。

外部激励与内部激励都能激发人的安全行为,但内部激励更具有推动力和持久力。前者虽然可以激发人的安全行为,但在许多情况下不是建立在内心自愿的基础上,一旦物质刺激取消后,又会恢复到原来的安全行为水平上。而内部激励发挥作用后,可使人的安全行为建立在自觉、自愿的基础上,能对自己的安全行为进行自我指导、自我控制、自我实现,完全依靠自身的力量而不是控制行为。从安全管理的方法上讲,两种方法都是必要的。作为一个安全管理人员,应积极创造条件,形成人的内部激励的环境,在一定场合下和特定的人员中,也应有外部的鼓励和奖励,充分地调动每个领导和职工安全行动的自觉性和主动性。

另外,安全激励也应遵循正激和负激相结合的原则。所谓正激就是对职工的符合安全生产目标的期望行为进行奖励,以使这种行为更多地出现,即职工积极性更高;所谓负激就是对职工的违背安全生产目的的非期望行为进行惩罚,以使这种行为不再发生,即犯错误职工弃恶从善,积极性向正确方向转移。显然,正激与负激都是必要而有效的,不仅作用于当事人,而且会间接地影响周围其他人。通过树立正面的榜样和反面的典型,扶正压邪,形成一种好的风气,产生无形的压力,使整个群体和安全生产的行为更积极、更富有生气。但鉴于负激具有一定的消极作用,容易产生挫折心理和挫折行为,应该慎用。因此,安全管理中应该把严格管理与思想工作相结合,使职工外有压力,内有动力,焕发出巨大的安全生产积极性。

实践表明,由奖励形成的正激能使企业的安全水平显著提高,并可长期保持,职工乐意同管理理层进行交流,主动使用安全防护用品的人数增加,能自觉消除不安全的操作环境,健康的安全价值变为职工的群体价值。

(4)自主学习和改进

企业应建立正式的岗位适任资格评估和培训系统,确保全体员工充分胜任所承担的工作。应制定人员聘任和选拔程序,保证员工具有岗位适任的初始条件;安排必要的培训及定期复训,评估培训效果;培训内容除有关安全知识和技能外,还应包括对遵守安全规范的理解,以及个人安全职责的重要意义和因理解变差或缺乏严谨而产生的后果;除借助外部培训机构外,应选拔、训练和聘任内部培训教师,使其成为企业安全文化建设过程的知识和信息传播者。

### 14.2.3 企业工作思路及关注的重点

1)企业安全文化建设的操作步骤

(1)建立机构

企业安全文化建设的领导机构可以定为"安全文化建设委员会",必须由生产经营单位主要负责人亲自担任委员会主任,同时,要确定一名生产经营单位高层领导人担任委员会的常务副主任。

其他高层领导可以任副主任,有关管理部门责任人任委员。其下还应设置一个安全文化办公室,办公室可以由生产、宣传、党群、团委、安全管理等部门的人员组成,负责日常具体工作。

(2)制定规划

对本单位的安全生产观念、状态进行初始评估,在此基础上对本单位的安全文化理念进行设计并制定出科学的时间表及推进计划。

(3)培训骨干

在管理者和普通员工中选拔和培养一批能够有效推动安全文化发展的骨干。这些骨干将承担辅导和鼓励全体员工向良好的安全状态和行为转变的职责。

(4)宣传教育

将本企业安全生产文化的理念、建设方法、推进计划等工作内容和安排在企业内部进行宣传教育。

(5)努力实践

安全文化要在生产经营单位安全工作中发挥作用,必须让所倡导的安全文化理念深入到员工头脑中,落实到员工的行动上。安全文化建设过程中,紧紧围绕"安全—健康—文明—环保"的理念,通过采取管理控制、精神激励、环境感召、心理调适、习惯培养等一系列方法,既推进安全文化建设的深入发展,又丰富安全文化的内涵。

2)安全月活动

企业应依据当年国家和地方关于"安全生产月"活动的文件,编制本年度安全月活动方案,有针对性地开展宣传和教育工作,并做好活动总结,并备案归档。活动方案应包括总体要求、活动主题、活动时间、组织机构、活动形式等内容。

3)安全行为激励

企业应建立员工安全绩效评估系统和奖励机制,避免采用惩罚和警告等一系列单一的负面激励手段。应该对在安全工作中做出显著成绩的集体、个人给予表彰、奖励,并与其经济利益挂钩。企业出台的相关奖励标准和评优活动应对全体员工进行公布,每年定期进行评估活动。

### 14.2.4 编制依据

(1)《国务院关于进一步加强安全生产工作的决定》(国发〔2004〕2号);

(2)《国务院关于进一步加强企业安全生产工作的通知》(国发〔2010〕23号);

(3)《国家安全监管总局关于印发安全文化建设"十二五"规划的通知》(国家安全生产监督管理总局安监总政法〔2011〕172号);

(4)《国家安全监管总局关于开展安全文化建设示范企业创建活动的指导意见》(国家安全生产监督管理总局安监总政法〔2010〕5号);

(5)《企业安全文化建设导则》(AQ/T 9004—2008);

(6)《企业安全文化建设评价准则》(AQ/T 9005—2008)。

## 14.3 术语与定义

1)企业安全文化

企业员工所共享的安全价值观、态度、道德和行为规范组成的统一体。

2）企业安全文化建设

通过综合的组织管理等手段，使企业的安全文化不断进步和发展的过程。

3）安全绩效

基于组织的安全承诺和行为规范，与组织安全文化建设有关的组织管理手段的可测量结果。

4）安全承诺

由企业公开作出的、代表全体员工在关注安全和追求安全绩效方面所具有的稳定意愿及实践行动的明确表示。

# 15 应急救援

## 15.1 制定预案

### 15.1.1 考核要点

交通运输部制定的《港口客运(滚装、渡船渡口)码头企业安全生产达标考评指标》中规定,第十四大要素“应急救援”的第一个考核要点“健康管理”按照以下内容进行考核:

**(1)制定相应的突发事件应急预案,有相应的应急保障措施(三级必备条件);**

**(2)结合实际将应急预案分为综合应急预案、专项应急预案和现场处置方案(二级必备条件);**

(3)应急预案与当地政府预案保持衔接,报当地有关部门备案,通报有关协作单位;

(4)定期评审应急预案,并根据评审结果或实际情况的变化进行修订和完善。

### 15.1.2 考核要点解析

1)考核要点分解

为方便企业充分认识该考核内容的内涵,有针对性地开展相关标准化建设工作,依据国家相关法律法规、标准规范、规章制度对上述考核内容进行分解,主要包括以下5个方面:

(1)应急预案的基本要求;

(2)应急预案层次和基本内容;

(3)应急预案的备案和通报;

(4)应急预案的评审;

(5)应急预案的修订和完善。

2)内容和要求

(1)应急预案的基本要求

《中华人民共和国安全生产法》规定:生产经营单位的主要负责人具有组织制定并实施本单位的生产安全事故应急救援预案的职责。

《中华人民共和国港口法》规定:港口经营人应依法制定本单位的危险货物事故应急预案、重大生产安全事故以及预防自然灾害预案,保障组织实施。

应急预案在应急系统中起着关键作用,它明确了在突发事故发生之前、发生过程中以及刚刚结束后,谁负责做什么、何时做,以及相应的策略和资源准备等。它是针对可能发生重大事故及其影响和后果的严重程度,为应急准备和应急响应的各个方面所预先做出的详细安排,是开展及时、有序和有效事故应急救援工作的行动指南。

应急预案的编制应符合下列基本要求:

①符合有关法律、法规、规章和标准的规定;

②结合本地区、本部门、本单位的安全生产实际情况;

③结合本地区、本部门、本单位的危险性分析情况;

④应急组织和人员的职责分工明确,并有具体的落实措施;

⑤有明确、具体的事故预防措施和应急程序,并与其应急能力相适应;

⑥有明确的应急保障措施,并能满足本地区、本部门、本单位的应急工作要求;

⑦预案基本要素齐全、完整,预案附件提供的信息准确;

⑧预案内容与相关应急预案相互衔接。

(2)应急预案层级和主要内容

①应急预案层级

一般情况下,按照应急预案的功能和目标,应急预案可分为以下3个层次:

a.综合应急预案

综合应急预案相当于总体预案,从总体上阐述预案的应急方针、政策,应急组织结构及相应的职责,应急行动的总体思路等。通过综合预案,可以很清晰地了解应急的组织体系、运行机制及预案的文件体系。综合应急预案作为应急救援工作的基础和“底线”,对那些没有预料的紧急情况也能起到一般的应急指导作用。

b.专项预案

专项预案是针对某种具体的、特定类型的紧急情况,如火灾爆炸、交通运输、危险化学品泄漏、台风、环境污染等某一自然灾害、危险源和应急保障而制订的计划或方案,是综合应急预案的组成部分,应按照综合应急预案的程序和要求组织制定,并作为综合应急预案的附件。

专项预案是在综合预案的基础上,充分考虑了某种特定危险的特点,对应急的形势、组织机构、应急活动等进行更具体的阐述,具有较强的针对性。专项预案应制定明确的救援程序和具体的应急救援措施。

c.现场处置方案

现场处置方案是在专项预案的基础上,根据具体情况而编制的。它是针对具体装置、场所、岗位所制定的应急处置措施。现场处置方案的特点是针对某一具体场所的该类特殊危险级周边环境情况,在详细分析的基础上,对应急救援中的各个方面做出具体、周密而细致的安排,因而现场处置方案具有更强的针对性和对现场具体救援活动的指导性。

②应急预案主要内容

完整的应急预案主要包括以下6个方面的内容:

a. 应急预案概况

应急预案概况主要描述生产经营单位概况以及危险特性状况等,同时对紧急情况下应急事件、使用范围和方针原则等提供简述并作必要说明。

b. 事故预防

应急预案是有针对性的,具有明确的对象,其对象可能是某一类或多类可能的重大事故类型。应急预案的制定必须基于对所针对的潜在事故类型有一个全面系统的认识和评价,识别出重要的潜在事故类型、性质、区域、分布及事故后果,同时,根据危险分析的结果,分析应急救援的应急力量和可用资源情况,并提出建设性意见。包括危险分析、资源分析和法律法规要求三部分内容。

c. 准备程序

准备程序应说明应急行动前所需采取的准备工作,包括应急组织及其职责权限、应急队伍建设和人员培训、应急物质的准备、预案的演习、公众的应急知识培训、签订互助协议等。

d. 应急程序

在应急救援过程中,存在一些必需的核心功能和任务,这些核心功能具有一定的独立性,但相互之间又密切联系,构成了应急响应的有机整体。具体包括:接警与通知、指挥与控制、警报和紧急公告、通信、事态监控与评估、警戒与治安、人群疏散与安置、医疗与卫生、公共关系、应急人员安全、抢险与救援、危险物质控制等内容。

e. 现场恢复

现场恢复是指事故被控制住后所进行的短期恢复,从应急过程来说意味着应急救援工作的结束,进入到另一个工作阶段,即将现场恢复到一个基本稳定的状态。主要包括:宣布应急结束的程序、撤离和交接程序、恢复正常状态的程序、现场清理和受影响区域的连续监测、事故调查与后果评估等内容。

f. 预案管理与评审改进

应急预案是应急救援工作的指导文件。应对预案的制定、修改、更新、批准和发布做出明确的管理规定,并保证定期或在应急演习、应急救援后对应急预案进行评审和改进,针对各种实际情况的变化以及预案应用中所暴露出的缺陷,持续对其改进并不断完善。

(3)应急预案的备案和通报

应急预案是各类突发事件应急的基础,应急预案中应建立与上级单位、当地政府应急预案的衔接,确保在发生超过应急能力的突发事件后,与上级单位、当地政府的联系和协调。

由国资委管理的总公司(总厂、集团公司、上市公司)的综合应急预案和专项应急预案,报国务院国有资产监督管理部门、国务院安全生产监督管理部门和国务院有关主管部门备案;其所属单位的应急预案分别抄送所在地的省、自治区、直辖市或者设区的市人民政府安全生产监督管理部门和有关主管部门备案。

除此以外的其他生产经营单位中涉及实行安全生产许可的,其综合应急预案和专项应急预案,按照隶属关系报所在地县级以上地方人民政府安全生产监督管理部门和有关主管部门备案;未实行安全生产许可的,其综合应急预案和专项应急预案的备案,由省、自治区、直辖市人民政府安全生产监督管理部门确定。

生产经营单位申请应急预案备案,应提交以下材料:

①应急预案备案申请表;

②应急预案评审或者论证意见;

③应急预案文本及电子文档。

受理备案登记的安全生产监督管理部门应对应急预案进行形式审查,经审查符合要求的,予以备案并出具应急预案备案登记表;不符合要求的,不予备案并说明理由。

(4)应急预案的评审

生产经营单位应组织专家对本单位编制的应急预案进行评审。评审应形成书面纪要并附有专家名单。参加应急预案评审的人员应包括应急预案涉及的政府部门工作人员和有关安全生产及应急管理方面的专家。生产经营单位的应急预案经评审或者论证后,由生产经营单位主要负责人签署公布。

①评审方法

应急预案评审采取形式评审和要素评审两种方法。形式评审主要用于应急预案备案时的评审;要素评审用于生产经营单位组织的应急预案评审工作。应急预案评审采用符合、基本符合、不符合三种意见进行判定。对于基本符合和不符合的项目,应给出具体修改意见或建议。

a. 形式评审。依据有关行业规范,对应急预案的层次结构、内容格式、语言文字、附件项目以及编制程序等内容进行审查,重点审查应急预案的规范性和编制程序。

b. 要素评审。依据国家有关法律法规、有关行业规范,从合法性、完整性、针对性、实用性、科学性、操作性和衔接性等方面对应急预案进行评审。为细化评审,采用列表方式分别对应急预案的要素进行评审。评审时,将应急预案的要素内容与评审表中所列要素的内容进行对照,判断是否符合有关要求,指出存在的问题及不足。应急预案要素分为关键要素和一般要素。

关键要素是指应急预案构成要素中必须规范的内容。这些要素涉及生产经营单位日常应急管理及应急救援的关键环节,具体包括危险源辨识与风险分析、组织机构及职责、信息报告与处置和应急响应程序与处置技术等要素。关键要素必须符合生产经营单位实际和有关规定要求。

一般要素是指应急预案构成要素中可简写或省略的内容。这些要素不涉及生产经营单位日常应急管理及应急救援的关键环节,具体包括应急预案中的编制目的、编制依据、适用范围、工作原则、单位概况等。

②评审程序

a. 评审准备。成立应急预案评审工作组,落实参加评审的单位或人员,将应急预案及有关资料在评审前送达参加评审的单位或人员。

b. 组织评审。评审工作应由生产经营单位主要负责人或主管安全生产工作的负责人主持,参加应急预案评审人员应符合《生产安全事故应急预案管理办法》要求。生产经营规模小、人员少的单位,可以采取演练的方式对应急预案进行论证,必要时应邀请相关主管部门或安全管理人员参加。应急预案评审工作组讨论并提出会议评审意见。

c. 修订完善。生产经营单位应认真分析研究评审意见,按照评审意见对应急预案进行修订和完善。评审意见要求重新组织评审的,生产经营单位应组织有关部门对应急预案重新进行评审。

d. 批准印发。生产经营单位的应急预案经评审或论证,符合要求的,由生产经营单位主要负责人签发。

(5)应急预案的修订和完善

生产经营单位制定的应急预案应至少每 3 年修订 1 次,预案修订情况应有记录并归档。

有下列情形之一的,应急预案应及时修订:

①生产经营单位因兼并、重组、转制等导致隶属关系、经营方式、法定代表人发生变化的;

②生产经营单位生产工艺和技术发生变化的;

③周围环境发生变化,形成新的重大危险源的;

④应急组织指挥体系或者职责已经调整的;

⑤依据的法律、法规、规章和标准发生变化的;

⑥应急预案演练评估报告要求修订的;

⑦应急预案管理部门要求修订的。

生产经营单位应及时向有关部门或者单位报告应急预案的修订情况,并按照有关应急预案报备程序重新备案。

### 15.1.3　企业工作思路及关注的重点

企业应按照上述要求成立应急救援领导指挥机构,由企业主要负责人全权负责应急救援工作。在此基础上针对作业特点和装卸货种组织编制应急预案,包括综合应急预案、专项应急预案和具体岗位的现场处置方案,形成完善的应急预案体系。预案需要通过专家评审并在相应的安全生产监督管理部门进行备案,日常需做好预案的修订和完善记录。针对码头露天作业的特点除制定包括各类生产安全事故的专项应急预案外,需要根据当地的自然条件特点编制针对自然灾害(台风、雷暴、暴雨等)的专项应急预案。

应急预案的编制包括以下6个步骤:

(1)成立工作组

结合单位部门的分工,成立以单位主要负责人为领导的应急预案编制小组,明确编制任务、职责分工,制定工作计划。

(2)资料收集

收集包括法律法规、技术标准、同行业事故案例、本单位技术资料等编制应急预案所需的各种资料。

(3)危险源与风险分析

在危险因素分析及事故隐患排查、治理的基础上,确定本单位的危险源、可能发生事故的类型和后果,进行事故风险分析并指出事故可能产生的次生、衍生事故,形成分析报告,分析结果作为应急预案编制的依据。

(4)应急能力评估

对本单位应急装备、应急队伍等应急能力进行评估,并结合本单位实际,加强应急能力建设。

(5)应急预案编制

针对可能发生的事故,按照有关规定和要求编制应急预案。应急预案编制过程中,应注重全体人员的参与和培训,使所有与事故有关人员均掌握危险源的危险性、应急处置方案和技能。应急预案应充分利用社会应急资源,与地方政府预案、上级主管单位以及相关部门的预案相衔接。

(6)评审与发布

由本单位主要负责人组织应急预案的评审。评审后,按规定报有关部门备案,并经生产经营单位主要负责人签署发布。

### 15.1.4 编制依据

(1)《中华人民共和国安全生产法》(中华人民共和国主席令〔2002〕第70号);

(2)《中华人民共和国港口法》(中华人民共和国主席令〔2003〕第5号);

(3)《中华人民共和国突发事件应对法》(中华人民共和国主席令〔2007〕第69号);

(4)《危险化学品管理条例》(中华人民共和国国务院令〔2011〕第591号);

(5)《港口危险货物管理规定》(中华人民共和国交通部令〔2003〕第9号);

(6)《海上滚装船舶安全监督管理规定》(中华人民共和国交通部令〔2002〕第1号);

(7)《生产安全事故应急预案管理办法》(国家安全生产监督管理局总局令〔2009〕第17号);

(8)《国家安全监管总局办公厅关于印发生产经营单位生产安全事故应急预案评审指南(试行)的通知》(国家安全生产监督管理局安监总厅应急〔2009〕73号);

(9)《国务院关于进一步加强企业安全生产工作的通知》(国发〔2010〕23号);

(10)《国务院关于坚持科学发展安全发展促进安全生产形势持续稳定好转的意见》(国发〔2011〕40号);

(11)《交通运输突发事件应急管理规定》(交通运输部令〔2011〕第9号);

(12)《生产经营单位安全生产事故应急预案编制导则》(AQ/T 9002—2006);

(13)《国家突发公共事件总体应急预案》;

(14)《国家海上搜救应急预案》;

(15)《水路交通突发事件应急预案》(交通运输部交水发〔2009〕3号)。

## 15.2 预案实施

### 15.2.1 考核要点

交通运输部制定的《港口客运(滚装、渡船渡口)码头企业安全生产达标考评指标》中规定,第十四大要素“应急救援”的第二个考核要点“预案实施”按照以下内容进行考核:

(1)开展应急预案的宣传教育,普及生产安全事故预防、避险、自救和互救知识;

**(2)开展应急预案培训活动,使有关人员了解应急预案内容,熟悉应急职责、应急程序和应急处置方案(三级必备条件);**

(3)发生事故后,及时启动应急预案,组织有关力量进行救援,并按照规定将事故信息及应急预案启动情况报告有关部门。

### 15.2.2 考核要点解析

*1)考核要点分解*

为方便企业充分认识该考核内容的内涵,有针对性地开展相关标准化建设工作,依据国家相关法律法规、标准规范、规章制度对上述考核内容进行分解,主要包括以下3个方面:

(1)应急预案的宣传;

(2)应急预案的培训;

(3)应急预案的启动。

2）内容和要求

（1）应急预案的宣传

生产经营单位应制作有关应急预案的宣传普及培训材料，并向单位员工免费发放。通过图书、报栏、宣传栏、黑板报、广播、网络等多种途径，开展应急预案的宣传活动，增强员工的忧患意识、责任意识和自救、互救能力，特别要普及生产安全事故预防、避险、自救和互救知识。

（2）应急预案的培训

生产经营单位应将应急预案的培训纳入本单位的安全生产培训工作计划，制定年度应急预案培训方案。培训方案应该包括：

①培训项目

培训项目主要是培训课程内容的总体概括，如法律法规、预案解读、应急技能、设备操作等。

②培训内容

培训内容包括具体的培训知识点，如最新的法律法规和规章制度、各工作岗位的应急职责、应急响应程序、信息上报程序等具体内容。

③培训人员

针对培训内容，确定单位参加培训的人员。

④培训时间

明确应急预案的培训时间。

⑤培训效果

可以利用定性或定量的方法对培训效果进行考核。

（3）应急预案的启动

应急预案中应根据事故的性质、严重程度、事态发展趋势和控制能力实行分级响应的机制，针对不同的级别，明确事故的通报范围、单位应急机构的启动程度、应急力量的出动和设备、物资的调集规模等。

典型的应急预案响应级别分为以下 3 级：

①一级紧急情况

指必须利用所有有关部门及一切资源的紧急情况，或者需要各个部门同外部机构联合处理的各种紧急情况，通常要宣布进入紧急状态。在该级别中做出主要决定的职责通常是紧急事务管理部门。现场指挥部可在现场做出保护生命和财产以及控制事态所必需的各种决定。

②二级紧急情况

指需要两个或更多部门响应的紧急情况。该事故的救援需要有关部门的协作，并提供人员、设备或其他资源。该级响应需成立现场指挥部来统一指挥现场的应急救援行动。

③三级紧急情况

指能被一个部门正常可利用的资源处理的紧急情况，正常可利用的资源是指在该部门权力范围内通常可以利用的应急资源。

### 15.2.3 企业工作思路及关注的重点

企业每年应开展应急救援预案的宣传和培训工作。宣传活动应做好记录,包括宣传的形式、范围、内容以及效果等。若参加上级主管单位或政府职能部门组织的培训,需保留相关参加证明材料;若是企业自行组织培训,需对参加培训的人员、内容、时间和考核结果进行记录并备案,以备考评人员进行考核。

企业在发生事故后,根据现场的实际情况启动应急预案的响应程序,并按照要求向上级主管部门和政府职能部门报告事故信息。在事故应急救援结束后,将事故应急救援预案启动情况编制报告并上报有关部门。

### 15.2.4 编制依据

(1)《中华人民共和国突发事件应对法》(中华人民共和国主席令〔2007〕第69号);

(2)《危险化学品管理条例》(中华人民共和国国务院令〔2011〕第591号);

(3)《港口危险货物管理规定》(交通部令〔2003〕第9号);

(4)《生产安全事故应急预案管理办法》(国家安全生产监督管理局总局令〔2009〕第17号);

(5)《交通运输突发事件应急管理规定》(交通部令〔2011〕第9号);

(6)《海上滚装船舶安全监督管理规定》(交通部令〔2002〕第1号)。

## 15.3 应急队伍

### 15.3.1 考核要点

交通运输部制定的《港口客运(滚装、渡船渡口)码头企业安全生产达标考评指标》中规定,第十四大要素“应急救援”的第三个考核要点“应急队伍”按照以下内容进行考核:

(1)建立与本单位安全生产特点相适应的专兼职应急救援队伍,或指定专兼职应急救援人员;

(2)组织应急救援人员日常训练和演练。

### 15.3.2 考核要点解析

1) 应急救援队伍

生产经营单位应根据本单位的生产特点建立一支专(兼)职应急救援队伍,若组建有困难的可以指定社会应急救援队伍,签署合作协议,作为本单位指定的应急救援队伍使用。

生产经营单位的应急救援队伍主要负责本单位内突发事故的应急救援工作,需要具备系统的应急救援知识和常规的医疗救护技能。对于本单位特殊的作业现场环境导致的突发事故应具备针对性的现场应急处置技能。除此之外,应急救援队伍还应具有事故先期处置、组织厂内员工自救互救、人员转移安置、维护现场秩序、配合其他专业救援队伍和上级部门做好各项保障,协助有关方面做好善后处置、物质发放等工作的能力。

生产经营单位应该为本企业的专(兼)职应急救援队伍配备相应的应急设备,主要包括通信办公装备、个人防护装备、医疗救急装备、警示标识等。

组建应急救援队伍的相关费用应纳入生产经营单位每年的财务预算,确保资金投入和到位。

2)应急救援人员的日常训练和演练

生产经营单位应牵头组织本单位应急救援专(兼)职队伍的训练和演练工作。训练主要采取岗位自训、集中轮训、分类组织等方式,有计划、有重点地组织应急救援队开展应急知识学习、救援技能培训。

应急救援专(兼)职队伍每年至少组织一次应急救援演练或参加一次由上级主管单位或当地政府组织的综合应急演练。演练结束后要及时对演练情况进行评估,对救援队伍的能力、装备和人员配备等进行相应调整。生产经营单位每年应根据自身应急救援工作的需求,对应急救援队伍进行一次组织整顿,调整因年龄、身体及其他原因不能履行职责的队员出队,及时补充新队员入队,同时给队员统一购买人身意外保险。

### 15.3.3 企业工作思路及关注的重点

企业应根据自身规模和应急救援的需求组建专职应急救援队伍,专职队伍的成员必须接受培训和技能考核,熟练掌握本单位的应急响应程序和基本的应急救援技能。组建专职队伍有困难的,可以委托社会的专业应急救援队伍负责本单位的应急救援工作。

应急救援队伍的培训和演练除自身组织开展外,可以积极与其他单位合作或参与政府、上级单位组织的相关活动。培训和演练需做好记录,并对应急救援队伍的能力进行评估,以备考评人员进行考核。

### 15.3.4 编制依据

(1)《中华人民共和国安全生产法》(中华人民共和国主席令〔2002〕第70号);
(2)《中华人民共和国港口法》(中华人民共和国主席令〔2003〕第5号);
(3)《中华人民共和国突发事件应对法》(中华人民共和国主席令〔2007〕第69号);
(4)《危险化学品管理条例》(中华人民共和国国务院令〔2011〕第591号);

(5)《港口危险货物管理规定》(中华人民共和国交通部令〔2003〕第9号);

(6)《海上滚装船舶安全监督管理规定》(中华人民共和国交通部令〔2002〕第1号)。

## 15.4 应急装备

### 15.4.1 考核要点

交通运输部制定的《港口客运(滚装、渡船渡口)码头企业安全生产达标考评指标》中规定,第十四大要素"应急救援"的第四个考核要点"应急装备"按照以下内容进行考核:

(1)按照应急预案的要求配备相应的应急物资及装备;

(2)建立应急装备使用状况档案,定期进行检测和维护,使其处于良好状态。

### 15.4.2 考核要点解析

1) 应急物资及装备

生产经营单位应该根据本单位突发事件应急预案的要求和应急评估、策划的结果,配备常规应急物资及装备。对于一次性配备不齐或易损耗的物资和装备,单位应做好相关的计划和采购工作,按时配备完整并及时补充损耗的物资及装备。

应急物资及装备主要包括:

(1)消防、气防装备类,如消防器材、救护器材、防护器材、侦检器材、破拆器材、攀登器材、照明器材、通信器材等。

(2)应急抢险装备,如汽油(柴油)泵、焊机、开孔设备、堵漏设备、专用卡具等。

(3)仪器、仪表类,如生命探测仪、烟雾成像仪、可燃气体报警仪、有毒有害气体报警仪等。

(4)防洪类,如铁锹、水桶、潜水泵、柴油发电机、编织袋、沙石袋、毡布等。

(5)环保类,如吸油棉(毡)、沙袋、环境检测设备等。

(6)职业健康防护类,如常规医疗器械、药品、急救设备等。

2) 应急装备管理

单位应定期检测、维护其报警装置和应急救援设备、设施,使其处于良好状态,确保正常使用。建立应急装备使用状况档案,包括应急装备的更新、检修、停用、报废等程序,确定管理人员和维护责任,不允许擅自拆除、停用。要经常对库房内的应急物资及装备进行维护保养,各岗位人员对分工保管的装备要经常进行维护保养,保证装备清洁,完整好用。

### 15.4.3 企业工作思路及关注的重点

企业除应按规定配备本单位应急预案所要求的应急救援物资及装备。企业配置应急物资及装备的资金应纳入到本单位年度财务预算中。对现有的应急救援物资及装备要指定专人管理,建账建档。若物资及装备用仓库存放的一定要分类分架定位摆放,要有相应的中文使用说明书,做到标记鲜明、材质不混、名称正确、数量正确,不与无关的任何物品混放。定期对应急物资及装备进行专项检查,做好检查记录,保证物资及装备的完好性。

### 15.4.4 编制依据

(1)《中华人民共和国安全生产法》(中华人民共和国主席令〔2002〕第70号);

(2)《中华人民共和国港口法》(中华人民共和国主席令〔2003〕第5号);

(3)《中华人民共和国突发事件应对法》(中华人民共和国主席令〔2007〕第69号)。

## 15.5 应急演练

### 15.5.1 考核要点

交通运输部制定的《港口客运(滚装、渡船渡口)码头企业安全生产达标考评指标》中规定,第十四大要素"应急救援"的第五个考核要点"应急演练"按照以下内容进行考核:

**(1)制定应急预案演练计划,按照有关规定组织开展应急预案演练(三级必备条件);**

**(2)应急预案演练结束后,对应急预案演练效果进行评审,撰写应急预案演练评审报告,分析存在的问题,并对应急预案提出修订意见(一级必备条件)。**

### 15.5.2 考核要点解析

*1)考核要点分解*

为方便企业充分认识该考核内容的内涵,有针对性地开展相关标准化建设工作,依据国家相关法律法规、标准规范、规章制度对上述考核内容进行分解,主要包括以下5个方面:

(1)应急演练的类型;

(2)应急演练计划;

(3)应急演练准备与实施;

(4)应急演练评估总结;

(5)预案的修订和改进。

2)内容和要求

应急演练是应急管理的重要环节,是检验、评价和保持应急能力的一个重要手段。通过开展应急演练,可在事故真正发生前暴露预案和程序的缺陷,发现应急资源的不足,改善各应急部门、机构、人员之间的协调关系,提高应急人员的熟练程度和技术水平,进一步明确各自的岗位和职责,提高各级预案之间的协调性,提高整体应急反应能力。

(1)应急演练的类型

应急演练按组织方式及目标重点的不同,可以分为桌面演练和实战演练两大类;按照演练的内容,则可以分为单项演练和综合演练两大类。

①桌面演练

桌面演练是一种圆桌讨论或演习活动,其目的是使各级应急部门、组织和个人在较轻松的环境下,明确和熟悉应急预案中所规定的职责和程序,提高协调配合及解决问题的能力。桌面演练的情景和问题通常以口头或书面叙述的方式呈现,也可以使用地图、沙盘、计算机模拟、视频会议等辅助手段。

②实战演练

实战演练是以现场实战操作的形式开展的演练活动。参演人员在贴近实际状况和高度紧张的环境下,根据演练情景的要求,通过实际操作完成应急响应任务,以检验和提高相关应急人员的组织指挥、应急处置以及后勤保障等综合应急能力。

③单项演练

单项演练是指只涉及应急预案中特定应急响应功能或现场处置方案中一系列应急响应功能的演练活动。注重针对一个或少数几个参与单位(岗位)的特定环节和功能进行检验。

④综合演练

综合演练是指涉及应急预案中多项或全部应急响应功能的演练活动。注重对多个环节和功能进行检验,特别是对不同单位之间应急机制和联合应对能力的检验。

(2)应急演练计划

演练组织单位在开展演练准备工作前应先制定演练计划。演练计划是有关演练的基本构想和对演练准备活动的初步安排,一般包括演练的目的、方式、时间、地点、日程安排、演练策划领导小组和工作小组构成、经费预算和保障措施等。在制定演练计划过程中需确定演练目的、分析演练需求、确定演练内容和范围、安排演练准备日程、编制演练经费预算等。

(3)应急演练准备和实施

应急演练准备阶段的主要任务是成立演练组织机构、编制演练文件、进行必要的培训和落实演练工作保障。

①演练组织机构

综合演练通常成立演练领导小组,下设策划组、执行组、保障组、评估组等专业工作组。根据演练规模大小,其组织机构可进行调整。

a. 领导小组

领导小组负责应急演练活动全过程的组织领导,审批决定演练工作方案、演练工作经费、演练评估总结及其他需要决定的重要事项。小组组长一般由演练组织单位或其上级单位的负责人担任,副组长一般由演练组织单位或主要协办单位负责人担任,其他成员一般由各演练参与单位(部门)相关负责人担任。

b. 策划组

策划组负责编制演练工作方案、演练脚本、演练安全保障方案或应急预案、宣传报道材料、工作总结和改进计划等。

c. 执行组

执行组负责演练活动筹备及实施过程中与相关单位、工作组的联络和协调、事故情景布置、参演人员调度和演练进程控制等工作。其中参演人员应包括应急预案规定的有关应急管理部门工作人员、各类专兼职应急救援队伍以及志愿者队伍等。

d. 保障组

保障组负责演练活动工作经费和后勤服务保障,确保演练安全保障方案或应急预案落实到位。其成员一般是演练组织单位及参与单位后勤、财务、办公室等部门人员。

e. 评估组

评估组负责审定演练安全保障方案或应急预案,编制演练评估方案并实施,进行演练现场点评和总结评估,撰写演练评估报告。

②演练文件

a. 演练工作方案

演练工作方案内容主要包括:目的及要求、事故情景设计、演练规模和时间、参演单位和人员主要任务及职责、筹备工作内容、演练的主要步骤、技术支撑和保障条件等。

b. 演练脚本

演练脚本是应急演练工作方案具体操作实施的文件,帮助参演人员全面掌握演练进程和内容。演练脚本一般采用表格形式,主要内容包括:演练模拟事故情景、处置行动和执行人员、指令与对白、步骤及时间安排、视频背景与字幕、演练解说词等。

c. 演练评估方案

演练评估方案通常包括:演练信息、评估内容、评估标准、评估程序和相应附件等。

d. 演练保障方案

针对应急演练活动可能发生的意外情况制订演练保障方案,做到相关人员应知应会,熟练掌握。演练保障方案应包括应急演练可能发生的意外情况、应急处置措施及责任部门,应急演练意外情况中止条件与程序等。

e. 演练观摩手册

演练观摩手册通常包括:应急演练时间、地点、情景描述、主要环节及演练内容、安全注意事项等。

③演练工作保障

演练工作的保障基本分为:

a. 人员保障

按照演练方案和有关要求,策划、执行、保障、评估、参演等人员参加演练活动,必要时考虑替补人员。

b. 经费保障

根据演练工作的需要,明确演练工作经费及承担单位。

c. 物资和器材保障

根据演练工作需要,明确各参演单位所准备的演练物资和器材等。

d. 场地保障

根据演练方式和内容,选择合适的演练场地。演练场地应满足演练活动需要,避免影响企业和公众正常生产、生活。

e. 安全保障

根据演练工作需要,采取必要的安全防护措施,确保参演、观摩等人员以及生产运行系统安全。

f. 通信保障

根据演练工作需要,采用多种公用或专用通信通道,保障演练通信信息畅通。

g. 其他保障

应急演练实施阶段主要是按照演练总体方案完成各项演练活动,为演练评估总结收集信息。主要包括熟悉演练任务和角色、组织预演、演练前安全检查、开展应急演练、演练记录和评估准备、演练结束等几大环节。

(4)应急演练评估总结

应急演练结束后,在演练现场,评估人员或评估组负责人员对演练中发现的问题、不足及取得的成效进行口头点评。在演练结束后,由演练组织单位召集评估组合所有参与单位,讨论本次演练的评估报告,并从各自的角度总结本次演练的经验教训,讨论确认评估报告内容,并讨论提出总结报告内容,拟定改进计划,落实改进责任和时限。

演练总结报告的内容包括:演练目的、时间、地点、参演单位和人员、演练方案概要、发现的问题与原因、经验和教训,以及改进有关工作的建议、改进计划、落实改进责任和时限等。

(5)预案的修订及改进

对演练中暴露出来的问题,演练组织单位和参与单位应按照计划中规定的责任和时限要求,及时采取措施予以改进,包括修改完善应急预案、有针对性地加强应急人员的教育和培训,对应急物资装备有计划地更新等。

演练组织单位和参与单位应指派专人,按规定时间对改进情况进行监督检查,确保本单位对自身暴露出的问题做出改进。

### 15.5.3 企业工作思路及关注的重点

企业应将应急演练计划作为年度安全生产工作计划的一部分,每年至少开展一次应急演练,并在演练结束后将演练计划、演练方案、各种演练记录、演练评估报告、演练总结报告等资料归档保存,以备考评人员进行考核。

企业可以在应急演练评估中按照对应急救援工作及时有效性的影响程度,将演练过程中发现的问题分为不足项、整改项和改进项。

1) 不足项

不足项指演练过程中观察或辨识出的应急准备缺陷,可能导致在紧急事件发生时,不能确保应急组织或应急救援体系有能力采取合理应对措施,保护厂区和员工的安全。对于不足项给出采取的纠正措施和完成时限,并进行详细说明。最可能导致不足项的应急预案编制要素包括:职责分配,应急资源,警报、通报方法与程序,事态评估,保护措施,应急人员安全和紧急医疗服务等。

2) 整改项

整改项指演练过程中观察或辨识出的,单独不可能在应急救援中对公众的安全与健康造成不良影响的应急准备缺陷。整改项应在下次演练前予以纠正。

3) 改进项

改进项是指应急准备过程中应予改善的问题。改进项不会对人员安全与健康产生严重的影响,视情节、情况予以改进,不必一定要求予以纠正。

### 15.5.4 编制依据

(1)《中华人民共和国突发事件应对法》(中华人民共和国主席令〔2007〕第69号);

(2)《交通运输突发事件应急管理规定》(交通运输部令〔2011〕第9号);

(3)《海上滚装船舶安全监督管理规定》(交通部令〔2002〕第1号);

(4)《生产安全事故应急演练指南》(AQ/T 9007—2011);

(5)《生产经营单位安全生产事故应急预案编制导则》(AQ/T 9002—2006)。

## 15.6 术语与定义

1) 应急预案

应急预案是指针对可能发生的事故,为迅速、有序地开展应急行动而预先制订的行动方案。

2）应急准备

针对可能发生的事故,为迅速、有序地开展应急行动而预先进行的组织准备和应急保障。

3）应急响应

事故发生后,有关组织或人员采取的应急行动。

4）应急救援

在应急响应过程中,为消除、减少事故危害,防止事故扩大或恶化,最大限度地降低事故造成的损失或危害而采取的救援措施或行动。

5）恢复

事故的影响得到初步控制后,为使生产、工作、生活和生态环境尽快恢复到正常状态而采取的措施或行动。

6）应急演练

针对事故情景,依据应急预案而模拟开展的预警行动、事故报告、指挥协调、现场处置等活动。

# 16 事故报告调查处理

## 16.1 事故报告

### 16.1.1 考核要点

交通运输部制定的《港口客运(滚装、渡船渡口)码头企业安全生产达标考评指标》中规定,第十五大要素“事故报告调查处理”的第一个考核要点“事故报告”按照以下内容进行考核:

(1)**发生事故及时进行事故现场处置,按相关规定及时、准确、如实向有关部门报告,没有瞒报、谎报、迟报情况(三级必备条件);**

(2)跟踪事故发展情况,及时续报事故信息,建立事故档案和事故管理台账。

### 16.1.2 考核要点解析

1) *考核要点分解*

为方便企业充分认识该考核内容的内涵,有针对性地开展相关标准化建设工作,依据国家相关法律法规、标准规范、规章制度对上述考核内容进行分解,主要包括以下3个方面:

(1)生产安全事故等级;

(2)事故的分类;

(3)事故上报的时限和部门;

(4)事故报告的内容;

(5)事故统计报表。

2) *内容和要求*

(1)生产安全事故的分级

①特别重大事故,是指造成30人以上死亡,或者100人以上重伤(包括急性工业中毒,下同),或者1亿元以上直接经济损失的事故;

②重大事故,是指造成10人以上30人以下死亡,或者50人以上100人以下重伤,或者5 000万元以上1亿元以下直接经济损失的事故;

③较大事故,是指造成3人以上10人以下死亡,或者10人以上50人以下重伤,或者1 000万元以上5 000万元以下直接经济损失的事故;

④一般事故,是指造成3人以下死亡,或者10人以下重伤,或者1 000万元以下直接经济损失的事故。

上述所称的"以上"包括本数,所称的"以下"不包括本数。

(2)事故的分类

伤亡事故的分类,分别从不同方面描述了事故的不同特点。伤亡事故是指企业职工在生产劳动过程中,发生的人身伤害和急性中毒。事故类别包括:物体打击、机械伤害、车辆伤害、起重伤害、触电、淹溺、灼烫、火灾、高处坠落、坍塌、冒顶片帮、透水、爆破、火药爆炸、瓦斯爆炸、锅炉爆炸、容器爆炸、其他爆炸、中毒和窒息、其他伤害。

(3)事故上报的时限和部门

事故发生后,事故现场有关人员应立即向本单位负责人报告,单位负责人接到报告后,应于1小时内向事故发生地县级以上人民政府安全生产监督管理部门和负有安全生产监督管理职责的有关部门报告。

情况紧急时,事故现场有关人员可以直接向事故发生地县级以上人民政府安全生产监督管理部门和负有安全生产监督管理职责的有关部门报告。

安全生产监督管理部门和负有安全生产监督管理职责的有关部门依照有关规定上报事故情况,并同时报告本级人民政府。

(4)事故报告的内容

报告事故应包括事故发生单位概况、事故发生的时间、地点以及事故现场情况、事故的简要经过、事故已经造成或者可能造成的伤亡人数和初步估计的直接经济损失、已经采取的措施和其他应报告的情况。

①事故发生单位概况

事故发生单位概况应包括单位的全称、所处地理位置、所有制形式和隶属关系、生产经营范围和规模、持有各类证照情况、单位负责人的基本情况以及近期的生产经营状况等。

②事故发生的时间、地点以及事故现场情况

报告事故发生的时间应具体,并尽量精确到分钟。报告事故发生的地点要准确,除事故发生的中心地点外,还应报告事故所波及的区域。报告事故现场总体情况、现场的人员伤亡情况、设备设施的损毁情况以及事故发生前的现场情况。

③事故的简要经过

事故的简要经过是对事故全过程的简要叙述。描述要前后衔接、脉络清晰、因果相连。

④人员伤亡和经济损失情况

对于人员伤亡情况的报告,应遵守实事求是的原则,不做无根据的猜测,更不能隐瞒实际伤亡人数。对直接经济损失的初步估算,主要指事故所导致的建筑物的损毁、生产设备设施和仪器仪表的损坏等。由于人员伤亡情况和经济损失情况直接影响事故等级的划分,并因此决定事故的调查处理等后续重大问题,在报告这方面情况时应谨慎细致,力求准确。

⑤已经采取的措施

已经采取的措施主要是指事故现场有关人员、事故单位负责人、已经接到事故报告的安全生产管理部门为减少损失、防止事故扩大和便于事故调查所采取的应急救援和现场保护等具体措施。

事故报告后出现新情况的,应及时补报。自事故发生之日起30日内,事故造成伤亡人数发生变化的,应及时补报。道路交通事故、火灾事故自发生之日起7日内,事故造成的伤亡人数发生变化的,应及时补报。

(5)事故统计报表

企业应按规定填报安全生产责任事故统计表,并按时月报或年报至当地交通运输主管部门或所属集团总公司。统计表内容应包括:填报单位、事故发生时间、事故发生港口名称、事故级别、事故类别、事故责任分类、死亡人数、失踪人数、受伤人数、直接经济损失等内容。

### 16.1.3 企业工作思路及关注的重点

企业应按照有关要求制定本单位的安全生产事故报告制度和程序。发生事故后,按照要求上报事故情况,事后将事故报告和统计表等进行备案存档,以备考评人员进行考核。

### 16.1.4 编制依据

(1)《中华人民共和国安全生产法》(中华人民共和国主席令〔2002〕第70号);

(2)《生产安全事故报告和调查处理条例》(中华人民共和国国务院令〔2007〕第493号);

(3)《关于印发交通运输安全生产事故统计管理规定的通知》(交通运输部交安监发〔2011〕第681号);

(4)《关于印发交通运输安全生产事故统计报表制度(试行)的通知》(交通运输部交安委法〔2011〕3号);

(5)《企业职工伤亡事故分类标准》(GB 6441—1986);

(6)《特种设备事故调查处理导则》(TSG Z0006—2009)。

## 16.2 事故处理

### 16.2.1 考核要点

交通运输部制定的《港口客运(滚装、渡船渡口)码头企业安全生产达标考评指标》中规定,第十五大要素“事故报告调查处理”的第二个考核要点“事故处理”按照以下内

容进行考核:

(1)接到事故报告后,迅速采取有效措施,组织抢救,防止事故扩大,减少人员伤亡和财产损失;

(2)发生事故后,按规定成立事故调查组,积极配合各级人民政府组织的事故调查,随时接受事故调查组的询问,如实提供有关情况;

(3)按时提交事故调查报告,剖析事故原因,落实整改措施;

(4)发生事故后,及时召开安全生产分析通报会,对事故当事人的聘用、培训、考核、上岗以及安全管理等情况进行责任倒查;

(5)**按"四不放过"原则严肃查处事故,严肃查处安全生产事故,严格追究责任领导和相关责任人。处理结果报有关部门备案(一级必备条件)。**

### 16.2.2 考核要点解析

1)*考核要点分解*

为方便企业充分认识该考核内容的内涵,有针对性地开展相关标准化建设工作,依据国家相关法律法规、标准规范、规章制度对上述考核内容进行分解,主要包括以下6个方面:

(1)事故应急处置;

(2)事故调查的组织;

(3)调查组的组成和职责;

(4)事故报告的内容;

(5)事故总结和防范;

(6)责任追究。

2)*内容和要求*

(1)事故应急处置

事故发生后,事故现场有关人员应立即向本单位负责人报告,单位负责人接到报告后,应于1小时内向上级有关部门报告。在报告的同时单位负责人应启动本单位应急救援预案首先组织开展自救,在自救过程中,当危及人身安全时,应首先确保人身安全,迅速组织相关人员撤离危险区域。

在本单位应急救援队伍、资源不能满足救援行动要求时,应及时向上级有关部门或当地政府部门报告,请求支援,并根据现场情况,通知当地医疗卫生机构及时赶赴现场开展医疗救治、疾病防治等卫生工作。在上级应急救援指挥单位到达现场后,配合其开展应急救援工作,并提供现场的相关资料等。

事故发生后,有关单位和人员应妥善保护事故现场以及相关证据,任何单位和个人不得破坏事故现场、毁灭相关证据。

因抢救人员、防止事故扩大以及疏通交通等原因,需要移动事故现场物件的,应做出标志,绘制现场简图并做出书面记录,妥善保存现场重要痕迹、物证。

(2)事故调查的组织

特别重大事故由国务院或者国务院授权的有关部门组织事故调查组进行调查。

重大事故、较大事故、一般事故分别由事故发生地省级人民政府、设区的市级人民政府、县级人民政府负责调查。省级人民政府、设区的市级人民政府、县级人民政府可以直接组织事故调查组进行调查,也可以授权或者委托有关部门组织事故调查组进行调查。

未造成人员伤亡的一般事故,县级人民政府也可以委托事故发生单位组织事故调查组进行调查。

事故调查工作都是由政府负责,不管是政府直接组织事故调查还是授权或者委托有关部门组织事故调查,都是在政府的领导下,都是以政府的名义进行。

(3)调查组的组成和职责

根据事故的具体情况,事故调查组由有关人民政府、安全生产监督管理部门、负有安全生产监督管理职责的有关部门、监察机关、公安机关以及工会派人组成,并应邀请人民检察院派人参加。事故调查组组长由负责事故调查的人民政府指定。

事故调查组履行的职责主要包括:

①查明事故发生的经过。事故发生前,事故发生单位生产作业状况;事故发生的具体时间、地点,事故现场状况及事故现场保护情况,事故发生后采取的应急处置措施,事故报告经过,事故抢救及事故救援情况,事故的善后处理情况等。

②查明事故发生的原因。事故发生的直接原因和间接原因、事故发生的其他原因。

③人员伤亡情况:事故发生前,事故发生单位生产作业人员分布情况;事故发生时人员涉险情况;事故当初人员伤亡情况及人员失踪情况;事故抢救过程中人员伤亡情况、最终伤亡情况;其他与事故发生有关的人员伤亡情况。

④事故的直接经济损失。人员伤亡后所支出的费用、事故善后处理费用、事故造成的财产损失费用。

⑤认定事故的性质和事故责任分析。通过事故调查分析,对事故性质要有明确的结论。其中对认定为自然事故的可不再认定或者追究事故责任人;对认定责任事故的,要按照责任大小和承担责任的不同分别认定直接责任者、主要责任者、领导责任者。

⑥对事故责任者的处理建议。通过事故调查分析,在认定事故的性质和事故责任的基础上,对事故责任者提出行政处分、纪律处分、行政处罚、追究刑事责任、追究民事责任的建议。

⑦总结事故教训。在认定事故性质和事故责任者的基础上,要认真总结事故教训,主要是在安全生产管理、安全生产投入、安全生产条件等方面存在哪些薄弱环节、漏洞

和隐患,要认真对照问题查找根源、吸取教训。

⑧提出防范和整改措施。防范和整改措施是在事故调查分析的基础上,针对事故发生单位在安全生产方面的薄弱环节、漏洞、隐患等提出的。

⑨提交事故调查报告。事故调查报告在事故调查组全面履行职责的前提下由事故调查组完成,是事故调查工作成果的集中体现。事故调查报告报送负责事故调查的人民政府后,事故调查工作即告结束。

事故调查组有权向有关单位和个人了解与事故有关的情况,并要求其提供相关文件、资料,有关单位和个人不得拒绝。事故发生单位的责任人和有关人员在事故调查期间不得擅离职守,并应随时接受事故调查组的询问,如实提供有关情况。事故调查中发现涉嫌犯罪的,事故调查组应及时将有关材料或者其复印件移交司法机关处理。

(4)事故调查报告的内容

①事故发生单位概况;

②事故发生经过和事故救援情况;

③事故造成的人员伤亡和直接经济损失情况;

④事故发生的原因和事故性质;

⑤事故责任的认定以及对事故责任者的处理建议;

⑥事故防范和整改措施。

事故调查报告应附具有关证据材料。事故调查组成员应在事故调查报告上签名。

事故调查处理的最终目的是预防和减少事故,报告中应提出防范和整改措施。事故发生单位应认真吸取事故教训,落实防范和整改措施,防止事故再次发生。防范和整改措施的落实情况应接受工会和职工的监督。

(5)事故总结及防范

事故发生单位应在事故调查结束后,及时召开安全生产分析通报会,对发生的事故进行通报和分析。事故发生后应对事故当事人的聘用、培训、考核、上岗及日常工作情况和相关管理部门的安全管理情况进行倒查,吸取教训,防止事故再次发生。

事故分析主要内容包括事故的经过、事故的原因分析、针对性的防范措施以及责任人的处理意见。

(6)责任追究

①“四不放过”原则。事故原因没有查清楚不放过,事故责任者没有受到处理不放过,群众没有受到教育不放过,防范措施没有落实不放过。

②事故处理。重大事故、较大事故、一般事故,负责事故调查的人民政府应自收到事故调查报告之日起15日内作出批复;特别重大事故,30日内作出批复,特殊情况下,批复时间可以适当延长,但延长的时间最长不超过30日。

有关机关应按照人民政府的批复,依照法律、行政法规规定的权限和程序,对事故发生单位和有关人员进行行政处罚,对负有事故责任的国家工作人员进行处分。

事故发生单位应按照负责事故调查的人民政府的批复,对本单位负有事故责任的人员进行处理。负有事故责任的人员涉嫌犯罪的,依法追究刑事责任。

事故处理的情况由负责事故调查的人民政府或者其授权的有关部门、机构向社会公布,依法应保密的除外。

### 16.2.3　企业工作思路及关注的重点

企业作为事故发生单位,一般为事故调查的调查对象,因此要积极配合事故调查小组的工作,主动提交与事故调查有关的资料、证据,不得阻碍、干涉事故调查工作。在事故调查结束后,应配合有关部门落实对相关责任人的处理办法,召开安全生产事故分析通报会,对全体职工进行事故的通报和分析,对本企业的安全管理活动进行检查,落实整改措施,避免事故的再次发生。

### 16.2.4　编制依据

(1)《生产安全事故报告和调查处理条例》(中华人民共和国国务院令〔2007〕第493号);

(2)《国务院关于特大安全事故行政责任追究的规定》(中华人民共和国国务院令〔2001〕第302号)。

# 17　绩效考核与持续改进

## 17.1　绩效评定

### 17.1.1　考核要点

交通运输部制定的《港口客运(滚装、渡船渡口)码头企业安全生产达标考评指标》中规定,第十六大要素“绩效考核与持续改进”的第一个考核要点“绩效评定”按照以下内容进行考核:

每年至少一次对本单位安全生产标准化的实施情况进行评定,对安全生产工作目标、指标的完成情况进行综合考核。

### 17.1.2　考核要点解析

企业因根据《港口客运(滚装、渡船渡口)码头企业安全生产达标考评指标》中的达标标准,每年至少一次对本单位安全生产标准化的实施情况进行评定,验证各项安全生产制度措施的适宜性、充分性和有效性,检查本年度安全生产工作目标、指标的完成情况。企业主要负责人应对绩效评定工作全面负责。自评工作应形成正式文件,并将结果向所有部门、所属单位和从业人员通报,作为年度考评的重要依据。

企业自评应采用资料核对、人员询问、现场考评等方法进行,其中人员询问、现场查验可以按一定比例进行抽查。

安全生产标准化达标等级分为一级、二级、三级。评为一级达标企业的考评分数不低于900分(满分1 000分,下同)且完全满足所有达标企业必备条件,评为二级达标企业的考评分数不低于700分且完全满足二、三级达标企业必备条件,评为三级达标企业的考评分数不低于600分且完全满足三级达标企业必备条件。

企业可以参照上述评级标准对自评分数进行划级以评估本单位的现有安全生产标准化建设水平。

### 17.1.3　企业工作思路及关注的重点

当企业向上级有关单位提出申请初次考评取证时,应具备的必要条件之一即为企业安全生产标准化建设自评报告。

企业开展本单位安全生产标准化自评工作前应成立标准化考评工作小组,由主要负责人任组长,各相关职能部门及工会负责人任小组成员,共同推进和开展自评工作。

自评报告应包括两部分内容。首先为企业的基本情况概况,包括装卸货种、年吞吐量、码头前沿及后方路域总平面布置、码头面及堆场的装卸工艺、设备设施、岗位设置、公共辅助站房等内容。

其次为依次对安全生产标准化达标考评指标 16 大基本要素下的 48 个二级要素和 122 个三级要素进行考评,按照考评指标评定分数,并统计总分。

需要重点关注的是考评标准中的否决项,相关内容均为企业安全生产标准化中必备内容,必须全部合格。否决项为:

(1)设置与安全生产相适应的安全生产管理机构。

(2)按规定足额配备专职安全生产和应急管理人员。

(3)按规定足额提取安全生产专项经费,并合理、有效使用。

(4)按国家有关规定配足有效的安全、消防、救生设备及器材。

(5)设有安全生产管理系统。

(6)从业人员每年接受再培训,提高从业人员的素质和能力,再培训时间不得少于有关规定学时。未经安全生产培训合格的从业人员,不得上岗作业。

(7)指定专人对危险作业进行现场管理,严格执行巡回检查制度,严禁无关人员进入作业区域。

(8)存在重大危险源时,应及时采取措施并按规定报有关部门备案。

(9)定期开展安全生产自查自纠工作,及时发现安全管理缺陷和漏洞,消除安全隐患。检查及处理情况应记录在案。

(10)根据有关法律、法规,制定相应的应急预案。按照针对情况的不同,分为综合应急预案、专项应急预案和现场处置方案。

(11)制订应急预案演练计划,按照有关规定组织开展应急预案演练。

(12)按"四不放过"原则严肃查处事故,严肃查处安全生产事故,严格追究责任领导和相关责任人。处理结果报有关部门备案。

(13)根据企业生产经营实际,建立相应的安全管理体系,规范安全生产管理,形成长效机制。

上述 13 条否决项,为企业考评安全生产化达标的基本要求,企业应参照前文相关考评要点解析内容,按照国家法律法规、标准规范的相关要求有针对性地开展相关工作。

### 17.1.4　编制依据

(1)《交通运输部关于印发交通运输企业安全生产标准化考评管理办法和达标考评指标的通知》(交通运输部交安监发〔2012〕175 号);

(2)《企业安全生产标准化基本规范》(AQ/T 9006—2010)。

## 17.2 持续改进

### 17.2.1 考核要点

交通运输部制定的《港口客运(滚装、渡船渡口)码头企业安全生产达标考评指标》中规定,第十六大要素“绩效考核与持续改进”的第二个考核要点“持续改进”按照以下内容进行考核:

提出进一步完善安全标准化的计划和措施,对安全生产目标、指标、管理制度、操作规程等进行修改完善。

### 17.2.2 考核要点解析

企业应根据每年的安全生产标准化自评工作或初次考评取证及后续的换证考评工作的评定结果和安全生产预警指数系统所反映的趋势,对安全生产目标、指标、规章制度、操作规程等进行修改完善,持续改进,以不断提高本单位的安全生产管理水平。

### 17.2.3 企业工作思路及关注的重点

企业应在安全生产标准化考评工作结束后,由考评小组整理和收集考评中发现的问题,组织各相关部门进行讨论提出针对每个问题的整改意见,并形成一套完整的整改措施表格。表格内容包括存在的问题、针对性整改措施、负责部门、负责人以及整改期限等。

企业主要负责人及考评小组成员应承担监督和指导安全生产标准化的相关整改工作,并将整改和修订后的安全生产标准化体系在企业内进行公布,原先存在问题的部分予以废止。

### 17.2.4 编制依据

《企业安全生产标准化基本规范》(AQ/T 9006—2010)。

## 17.3 安全管理体系建设

### 17.3.1 考核要点

交通运输部制定的《港口客运(滚装、渡船渡口)码头企业安全生产达标考评指标》中规定,第十六大要素“绩效考核与持续改进”的第三个考核要点“安全管理体系建设”按照以下内容进行考核:

根据企业生产经营实际,建立相应的安全管理体系,规范安全生产管理,形成长效机制(一级必备条件)。

## 17.3.2 考核要点解析

安全管理体系是企业体系的重要组成部分。安全管理就是针对人们在生产过程中的安全问题,运用有效的资源,发挥人们的智慧,通过人们的努力,进行有关决策、计划、组织和控制等活动,实现生产过程中的人与机器设备、物料、环境的和谐,达到安全生产的目标。

安全管理的目标是减少和控制危害及事故,尽量避免生产过程中由于事故所造成的人身伤害、财产损失、环境污染和其他损失。安全管理的基本对象是企业的从业人员,涉及企业中的所有人员、设备设施、物料、环境、财务、信息等各个方面。

安全管理体系要想规范运行、拥有长效机制必须具备的“五要素”包括:安全文化、安全法制、安全责任、安全科技和安全投入。

1)安全文化

安全文化即安全意识,是存在于人们头脑中,支配人们行为是否安全的思想。对企业员工要加强宣传教育工作,普及安全常识,强化自我保护意识。企业责任人应树立“以人为本”的理念,真正树立和落实科学发展观,把员工的生命安全放在首位。企业要确立具有自己特色的安全生产管理原则,落实各种事故应急预案,加强职工培训。

2)安全法制

企业应该收集、学习和更新使用的安全生产法律、法规、规章、标准规范,使日常安全生产工作开展有法可依、有章可循。据统计,目前人大、国务院和相关主管部门已经颁布实施并仍然有效的有关安全生产主要法律法规约130多部。各地人大和政府也陆续出台了不少地方性法规和地方政府规章。国家、行业的安全生产标准规范正在逐步增加、细化和完善。

企业要结合实际建立和完善安全生产规章制度,将已被实践证明切实可行的措施和办法上升为制度和法规。

3)安全责任

安全生产责任制是根据我国的安全生产方针“安全第一,预防为主,综合治理”和安全生产法规建立的各级领导、职能部门、工程技术人员、岗位操作人员在劳动生产过程中对安全生产层层负责的制度。安全生产责任制是企业岗位责任制的一个组成部分,是企业中最基本的一项安全制度,也是企业安全生产、劳动保护管理制度的核心。

体系一般应包括企业法定法定代表人、各分管负责人、安全生产管理人员、各职能部门、各工作岗位员工的安全生产责任制。

4)安全科技

企业要采用先进适用的生产技术,组织安全生产技术研究开发;积极开展安全技术交流,努力提高自身的安全生产技术水平。

5) 安全投入

安全投入时保证安全生产必需的经费。企业作为安全投入的主体,要按规定从成本中列支安全生产专项资金,加强财务审计,确保专款专用。

### 17.3.3 企业工作思路及关注的重点

企业应从上述的五大要素入手,建设本单位的安全管理体系。

一般来说,企业安全生产管理体系一般包括:

(1)安全生产责任制体系

安全生产责任制的核心是清晰安全管理的责任界面,解决"谁来管、管什么、怎么管,承担什么责任"的问题。

建立安全生产责任制,一是要增强生产经营单位各级主要负责人、各管理部门管理人员及各岗人员对安全生产的责任感;二是要明确责任,充分调动各级人员和各管理部门安全生产的积极性和主观能动性,加强自主管理、落实责任;三是要建立责任追究的依据。

(2)安全生产法律法规和管理制度体系

安全生产法律法规和管理制度是指生产经营单位贯彻国家有关安全生产法律法规、国家和行业标准,贯彻国家安全生产方针政策的行动指南,是生产经营单位有效防范生产、经营过程安全风险,保障从业人员安全健康、财产安全、公共安全,加强安全生产管理的重要措施。

一般生产经营单位的安全生产规章制度体系应包含以下主要内容:

①综合安全管理制度;

②人员安全管理制度;

③设备设施安全管理制度;

④环境安全管理制度。

(3)安全生产培训教育体系

安全生产教育培训是安全生产工作的重要组成部分,是通过提高全体劳动者安全生产素质、安全生产技能,从而保证安全生产的一项重要手段。

企业的培训主要包括企业主要负责人、安全管理人员、特种作业人员的"三项岗位人员"培训取证、特种设备作业人员的培训取证、危险化学品作业人员的培训取证、一般员工的入厂三级教育、员工日常安全教育培训等。

企业主要负责人、安全生产管理人员和特种作业人员须按照国家规定参加由安全生产监督管理部门组织的教育培训工作并取证。

港口企业从事危险货物作业的还须参加由交通运输部门组织的危险货物运输岸上

管理人员和作业人员培训并取证。

企业内部还需建立员工三级培训制度，新从业人员安全生产教育培训时间不得少于24个学时，并应参加厂、车间、班组的安全教育。对于危险性较大的岗位，企业还可以按需开展岗位安全教育培训，包括日常安全教育培训、定期安全考试和专题安全教育等形式。企业在采用新工艺、新技术、新设备时，应组织相关岗位对从业人员进行针对性的安全生产教育培训。

除此以外，企业还可以指派员工参与职业卫生健康、安全生产标准化等相关的社会培训教育，学习先进的安全生产管理理念，提升企业的安全生产水平。

(4)安全生产应急救援体系

企业应该创建本单位的安全生产应急救援体系，体系应有组织体系、运行机制、法律法规以及支持保障系统等组成。组织体系包括了应急组织机构、日产管理协调和应急救援队伍。运行机制主要明确应急响应程序，加强企业内部应急救援管理、统一领导、分级管理，以及动员工作。法律法规包括了与应急有关的法律法规、标准规范。保障系统则包括了信息通信、培训演练、技术支持、物质与装备保障等内容。

(5)安全生产目标指标体系

企业应选取适当的安全生产目标指标作为衡量企业安全生产水平的数据。安全生产的总量控制指标是事故总死亡人数。其他指标又分为相对指标和绝对指标。相对指标，如亿元事故死亡率死亡率、百人从业人员事故死亡率、吞吐量十万吨事故死亡率等。绝对指标，如事故发生起数、重伤率、事故隐患整改率等。

### 17.3.4　编制依据

《中华人民共和国安全生产法》(中华人民共和国主席令〔2002〕第70号)。

## 17.4　术语与定义

1) 绩效考核

企业为了实现生产经营目的，运用特定的标准和指标，采取科学的方法，对承担生产经营过程及结果的各级管理人员完成指定任务的工作实绩和由此带来的诸多效果做出价值判断的过程。

2) 持续改进

制定改进目标和寻求改进机会的过程是一个持续过程，该过程使用审核发现和审核结论、数据分析、管理评审或其他方法，其结果通常导致纠正措施或预防措施。

# 附录　港口客运(滚装、渡船渡口)码头企业安全生产达标考评指标

| 考评内容 | 考评要点 | | 分值 | 考评评价 | 得分 |
|---|---|---|---|---|---|
| 一、安全目标(35分) | 1. 安全工作方针与目标 | ①制定企业安全生产方针、目标和不低于上级下达的安全控制指标 | 5★★★ | | |
| | | ②制定实现安全工作方针与目标的措施 | 5 | | |
| | 2. 中长期规划 | 制订和实施企业安全生产中长期规划和跨年度专项工作方案 | 5★★ | | |
| | 3. 年度计划 | 根据中长期规划,制订年度计划和年度专项活动方案,并严格执行 | 5 | | |
| | 4. 目标考核 | ①将安全生产管理指标进行细化和分解,制定阶段性的安全生产控制指标 | 5 | | |
| | | ②制定安全生产目标考核与奖惩办法 | 5 | | |
| | | ③定期考核年度安全生产目标完成情况,并奖惩兑现 | 5 | | |
| 二、管理机构和人员(40分) | 1. 安全管理机构 | ①成立安全生产委员会(或领导小组),下属各分支机构分别成立相应的领导机构。安委会职责明确,实行主要领导负责制 | 10★★ | | |
| | | ②按规定设置与企业规模相适应且独立的安全生产管理机构 | 15★★★ | | |
| | | ③定期召开安全生产委员会会议。安全生产管理机构和下属各分支机构每月至少召开一次安全工作例会 | 5 | | |
| | 2. 管理人员配备 | 按规定足额配备专职安全生产和应急管理人员 | 10★★★ | | |
| 三、安全责任体系(45分) | 1. 健全责任制 | ①企业主要负责人、分管领导、全体员工安全职责明确,制定并落实安全生产责任制,层层签订安全生产责任书,并落实到位 | 10★★★ | | |
| | | ②主要负责人或实际控制人是安全生产第一责任人,按照安全生产法律法规赋予的职责,对安全生产负全面组织领导、管理责任和法律责任,并履行安全生产的责任和义务 | 5★★ | | |

续上表

| 考评内容 | 考 评 要 点 | | 分值 | 考评评价 | 得分 |
|---|---|---|---|---|---|
| 三、安全责任体系(45分) | 1. 健全责任制 | ③分管安全生产的负责人是安全生产的重要负责人,统筹协调和综合管理企业的安全生产工作,对安全生产负重要管理责任 | 5 | | |
| | | ④其他负责人和全体员工实行“一岗双责”,对业务范围内的安全生产工作负责 | 5 | | |
| | | ⑤安全生产管理机构、各职能部门、生产基层单位的安全职责明确并落实到位 | 10 | | |
| | 2. 责任制考评 | 根据安全生产责任进行定期考核和奖惩,公告考评和奖惩情况 | 10★★ | | |
| 四、法规和安全管理制度(70分) | 1. 资质 | 《港口经营许可证》、《企业法人营业执照》合法有效,经营范围符合要求 | 5★★★ | | |
| | 2. 法规 | ①及时识别、获取适用的安全生产法律法规、标准规范 | 5 | | |
| | | ②将法规标准和相关要求及时转化为本单位的规章制度,贯彻到各项工作中 | 5 | | |
| | | ③执行并落实安全生产法律法规、标准规范 | 5 | | |
| | | ④将适用的安全生产法律、法规、标准及其他要求及时对从业人员进行宣传和培训 | 5 | | |
| | 3. 安全管理制度 | ①制定并及时修订安全生产管理制度,包括:<br>a. 安全生产责任制;<br>b. 安全例会制度;<br>c. 文件和档案管理制度;<br>d. 安全生产费用提取和使用管理制度;<br>e. 设施、设备、货物安全管理制度;<br>f. 安全生产培训和教育学习制度;<br>g. 安全生产监督检查制度;<br>h. 事故统计报告制度;<br>i. 安全生产奖惩制度 | 10 | | |
| | | ②对从业人员进行安全管理制度的学习和培训 | 5 | | |
| | 4. 岗位安全生产操作规程 | ①制定并及时修订各岗位的安全生产操作规程,并发放到岗位(职工) | 10★★★ | | |
| | | ②对从业人员进行安全操作规程的学习和培训;从业人员严格执行本单位的安全操作规程 | 5 | | |
| | 5. 制度执行及档案管理 | ①执行国家有关安全生产方针、政策、法规及本单位的安全管理制度和操作规程,依据行业特点,制定企业安全生产管理措施 | 5 | | |
| | | ②每年至少一次对安全生产法律法规、标准规范、规章制度、操作规程的执行情况进行检查 | 5 | | |
| | | ③建立和完善各类台账和档案,并按要求及时报送有关资料和信息 | 5★★★ | | |

续上表

<table>
<tr><th>考评内容</th><th colspan="2">考 评 要 点</th><th>分值</th><th>考评评价</th><th>得分</th></tr>
<tr><td rowspan="5">五、安全投入(45分)</td><td rowspan="3">1. 资金投入</td><td>①按规定足额提取安全生产费用</td><td>10★★★</td><td></td><td></td></tr>
<tr><td>②安全生产经费专款专用,保证安全生产投入的有效实施</td><td>15★★</td><td></td><td></td></tr>
<tr><td>③及时投入满足安全生产条件的所需资金</td><td>10</td><td></td><td></td></tr>
<tr><td rowspan="2">2. 费用管理</td><td>①跟踪、监督安全生产专项经费使用情况</td><td>5</td><td></td><td></td></tr>
<tr><td>②建立安全费用使用台账</td><td>5</td><td></td><td></td></tr>
<tr><td rowspan="12">六、装备设施(115分)</td><td rowspan="5">1. 设施</td><td>①具备满足安全生产需要的建筑、场地和设施设备,并符合相关安全规范和技术要求</td><td>10★★★</td><td></td><td></td></tr>
<tr><td>②按国家有关规定配足有效的安全、消防、救生和环境保护设备及器材</td><td>15★★★</td><td></td><td></td></tr>
<tr><td>③设有覆盖安全重点部位视频监控设备,并保持实时监控</td><td>5</td><td></td><td></td></tr>
<tr><td>④按相关规定设置专用应急通道,并规范标识</td><td>10★★★</td><td></td><td></td></tr>
<tr><td>⑤售票厅、候船室、旅客通道等处设置宣传告示设备、安全警告标志、指示牌、示意图;悬挂安全警示图文、张贴旅客须知、禁运限运物品宣传图、安全宣传画、宣传标语</td><td>5</td><td></td><td></td></tr>
<tr><td rowspan="6">2. 设备</td><td>①配备满足需要的易燃易爆危险品监测设备,并按要求投入使用;滚装码头安装大型车辆安检设备</td><td>15★</td><td></td><td></td></tr>
<tr><td>②趸船、港作拖轮、起重装卸设备、车辆、压力容器等符合相关安全规范和技术要求,设备及操作人员证书齐全有效</td><td>10</td><td></td><td></td></tr>
<tr><td>③按规定对设施设备定期检验,检验证书合法有效</td><td>5</td><td></td><td></td></tr>
<tr><td>④定期进行维护保养,设备技术状况良好</td><td>10</td><td></td><td></td></tr>
<tr><td>⑤指定专人对特种设备进行管理</td><td>10</td><td></td><td></td></tr>
<tr><td>⑥建立并规范设备管理台账</td><td>5</td><td></td><td></td></tr>
<tr><td>3. 电气安全管理</td><td>按照国家相关法律法规规范码头电气安全管理</td><td>15</td><td></td><td></td></tr>
<tr><td rowspan="2">七、科技创新与信息化(55分)</td><td rowspan="2">1. 科技创新及应用</td><td>①使用先进的、安全性能可靠的新技术、新工艺、新设备和新材料,优先选购安全、高效、节能的先进设备</td><td>10</td><td></td><td></td></tr>
<tr><td>②组织开展安全生产科技攻关或课题研究</td><td>10</td><td></td><td></td></tr>
</table>

续上表

<table>
<tr><th>考评内容</th><th colspan="2">考 评 要 点</th><th>分值</th><th>考评评价</th><th>得分</th></tr>
<tr><td rowspan="4">七、科技创新与信息化(55分)</td><td rowspan="2">1. 科技创新及应用</td><td>③设有安全生产管理系统或平台</td><td>10</td><td></td><td></td></tr>
<tr><td>④应用现代科技手段,提升安全管理水平</td><td>10</td><td></td><td></td></tr>
<tr><td rowspan="2">2. 科技信息化</td><td>①设有电子显示设备</td><td>5</td><td></td><td></td></tr>
<tr><td>②设有其他的安全监管信息系统</td><td>10</td><td></td><td></td></tr>
<tr><td rowspan="9">八、队伍建设(90分)</td><td>1. 培训计划</td><td>制定并实施年度及长期的继续教育培训计划,明确培训内容和年度培训时间</td><td>10</td><td></td><td></td></tr>
<tr><td>2. 宣传教育</td><td>组织开展安全生产的法律、法规和安全生产知识的宣传、教育</td><td>10</td><td></td><td></td></tr>
<tr><td rowspan="2">3. 管理人员</td><td>①企业主要负责人和管理人员具备相应安全知识和管理能力,并取得行业主管部门培训合格证</td><td>10★★★</td><td></td><td></td></tr>
<tr><td>②专(兼)职安全管理人员具备专业安全生产管理知识和经验,熟悉各岗位的安全生产业务操作规程,运用专业知识和规章制度开展安全生产管理工作,并保持安全生产管理人员的相对稳定</td><td>15</td><td></td><td></td></tr>
<tr><td rowspan="3">4. 从业人员培训</td><td>①从业人员每年接受再培训,提高从业人员的素质和能力,再培训时间不得少于有关规定学时。未经安全生产培训合格的从业人员,不得上岗作业</td><td>10★★</td><td></td><td></td></tr>
<tr><td>②转岗人员及时进行岗前培训</td><td>10</td><td></td><td></td></tr>
<tr><td>③新技术、新设备投入使用前,对管理和操作人员进行专项培训</td><td>10</td><td></td><td></td></tr>
<tr><td rowspan="2">5. 规范档案</td><td>①建立健全安全宣传教育培训考评档案,详细、准确记录培训考评情况</td><td>5</td><td></td><td></td></tr>
<tr><td>②对培训效果进行评审,改进提高培训质量</td><td>10</td><td></td><td></td></tr>
<tr><td rowspan="4">九、作业管理(160分)</td><td rowspan="4">1. 现场作业管理</td><td>①严格执行操作规程和安全生产作业规定的,严禁违章指挥、违章操作、违反劳动纪律</td><td>10</td><td></td><td></td></tr>
<tr><td>②具有与经营规模、范围相适应的专业技术人员、管理人员和操作人员,按规定持证上岗</td><td>10★★★</td><td></td><td></td></tr>
<tr><td>③依据港口客运(客滚、货滚、渡船渡口)服务流程,对售票、检票、安检、衡重、丈量、船舶调度等服务环节建立作业指导书,并落实到位</td><td>10</td><td></td><td></td></tr>
<tr><td>④严禁无关人员进入旅客候船上下船及有关作业的场所</td><td>10</td><td></td><td></td></tr>
</table>

续上表

| 考评内容 | 考 评 要 点 | | 分值 | 考评评价 | 得分 |
|---|---|---|---|---|---|
| 九、作业管理(160分) | 2. 安全值班 | 制定并落实安全生产值班计划和值班制度,重要时期实行领导到岗带班,有值班记录 | 5 | | |
| | 3. 相关方管理 | ①两个或两个以上单位共用同一设施设备进行生产经营的现场安全生产管理职责明确,并落实到位 | 5 | | |
| | | ②对外来施工单位和外来劳务人员有相应的安全管理制度和措施 | 5 | | |
| | 4. 三品查堵 | ①制定并落实三品(易燃、易爆、易腐蚀的物品)查堵制度、防止三品进港上船的有效措施和三品检查工作程序 | 10★★★ | | |
| | | ②设立专门的三品查堵岗位,配有三品检查员 | 5 | | |
| | | ③对进站旅客携带的行李物品和托运行包进行安全检查,对查获的三品要进行登记并按有关规定妥善处理,确保三品不携带进入码头 | 10★★ | | |
| | | ④建立并规范填写三品查堵工作台账 | 5 | | |
| | 5. 进出港管理 | ①有严格的进出站安全检查制度和流程,没有超载超员船舶离港 | 5★★★ | | |
| | | ②无关船舶没有进入相关水域 | 10 | | |
| | | ③有专人指挥,调度船舶进出港,疏导旅客,确保安全通道畅通 | 10 | | |
| | 6. 站务管理 | ①与旅客运输经营者签订《安全责任协议》,依法明确双方的安全责任 | 5 | | |
| | | ②按规定定期对码头设备设施、电气线路、消防设施等进行维护保养,特种设备定期进行检测检验 | 10★★★ | | |
| | | ③严格按船舶核定人数售票、检票 | 5 | | |
| | | ④制定并落实船舶报班制度 | 5 | | |
| | | ⑤因天气、水位等原因影响船舶航行安全时,视情发班或要求停班 | 10 | | |
| | 7. 警示标志 | ①在存在危险因素的场所和设备设施,设置明显的安全警示标志,警示、告知危险种类、后果及应急措施 | 10★★★ | | |
| | | ②设备设施检修、施工等作业现场设置警戒区域和警示标志 | 5 | | |

续上表

| 考评内容 | 考评要点 | | 分值 | 考评评价 | 得分 |
|---|---|---|---|---|---|
| 十、危险源辨识与风险控制(45分) | 1. 危险源辨识 | ①开展本单位危险设施或场所危险源的辨识和确定工作 | 10 | | |
| | | ②辨识重大危险源,采取有效防护措施,按规定报有关部门备案 | 15★★ | | |
| | 2. 风险控制 | ①及时对作业活动和设备设施进行危险、有害因素识别 | 10 | | |
| | | ②向从业人员如实告知作业场所和工作岗位存在的危险因素、防范措施以及事故应急措施 | 5 | | |
| | | ③对危险源进行建档,重大危险源单独建档管理 | 5 | | |
| 十一、隐患排查与治理(70分) | 1. 隐患排查 | ①制定隐患排查工作方案,明确排查的目的、范围,选择合适的排查方法 | 10 | | |
| | | ②每月至少开展一次安全自查自纠工作,及时发现安全管理缺陷和漏洞,消除安全隐患。检查及处理情况应记录在案 | 15★★★ | | |
| | | ③对各种安全检查所查出的隐患进行原因分析,制定针对性控制对策 | 10 | | |
| | 2. 隐患治理 | ①制定隐患治理方案,包括目标和任务、方法和措施、经费和物资、机构和人员、时限和要求 | 5 | | |
| | | ②对上级检查指出或自我检查发现的一般安全隐患,严格落实防范和整改措施,并组织整改到位 | 5 | | |
| | | ③重大安全隐患报相关部门备案,做到整改措施、责任、资金、时限和预案“五到位” | 10★★ | | |
| | | ④建立隐患治理台账和档案,有相关的记录 | 5 | | |
| | | ⑤按规定对隐患排查和治理情况进行统计分析,并向有关部门报送 | 10 | | |
| 十二、职业健康(25分) | 1. 健康管理 | ①设置或指定职业健康管理机构,配备专(兼)职管理人员 | 5 | | |
| | | ②按规定对员工进行职业健康检查 | 5 | | |
| | 2. 工伤保险 | 为从事危险作业人员参加工伤保险 | 5 | | |
| | 3. 危害告知 | 对从业人员进行职业健康宣传培训。使其了解其作业场所和工作岗位存在的危险因素和职业危害、防范措施和应急处理措施,降低或消除危害后果的事项 | 5 | | |
| | 4. 环境与条件 | 为从业人员提供符合职业健康要求的工作环境和条件,配备与职业健康保护相适应的设施、工具 | 5 | | |

续上表

| 考评内容 | 考评要点 | | 分值 | 考评评价 | 得分 |
|---|---|---|---|---|---|
| 十三、安全文化(35分) | 1. 安全环境 | ①设立安全文化廊、安全角、黑板报、宣传栏等员工安全文化阵地,每月至少更换一次内容 | 5 | | |
| | | ②公开安全生产举报电话号码、通信地址或者电子邮件信箱。对接到的安全生产举报和投诉及时予以调查和处理 | 5 | | |
| | 2. 安全行为 | ①开展安全承诺活动 | 5★ | | |
| | | ②编制安全知识手册,并发放到职工 | 5 | | |
| | | ③组织开展安全生产月活动、安全生产竞赛活动,有方案、有总结 | 5 | | |
| | | ④对在安全工作中做出显著成绩的集体、个人给予表彰、奖励,并与其经济利益挂钩 | 5 | | |
| | | ⑤对安全生产进行检查、评比、考评,总结和交流经验,推广安全生产先进管理方法 | 5 | | |
| 十四、应急救援(85分) | 1. 预案制定 | ①制定相应的突发事件应急预案,有相应的应急保障措施 | 10★★★ | | |
| | | ②结合实际将应急预案分为综合应急预案、专项应急预案和现场处置方案 | 5★★ | | |
| | | ③应急预案与当地政府预案保持衔接,报当地有关部门备案,通报有关协作单位 | 5 | | |
| | | ④定期评审应急预案,并根据评审结果或实际情况的变化进行修订和完善 | 10 | | |
| | 2. 预案实施 | ①开展应急预案的宣传教育,普及生产安全事故预防、避险、自救和互救知识 | 5 | | |
| | | ②开展应急预案培训活动,使有关人员了解应急预案内容,熟悉应急职责、应急程序和应急处置方案 | 5★★★ | | |
| | | ③发生事故后,及时启动应急预案,组织有关力量进行救援,并按照规定将事故信息及应急预案启动情况报告有关部门 | 10 | | |
| | 3. 应急队伍 | ①建立与本单位安全生产特点相适应的专兼职应急救援队伍,或指定专兼职应急救援人员 | 5 | | |
| | | ②组织应急救援人员日常训练 | 5 | | |
| | 4. 应急装备 | ①按照应急预案的要求配备相应的应急物资及装备 | 5 | | |
| | | ②建立应急装备使用状况档案,定期进行检测和维护,使其处于良好状态 | 5 | | |

续上表

| 考评内容 | 考 评 要 点 | | 分值 | 考评评价 | 得分 |
|---|---|---|---|---|---|
| 十四、应急救援(85分) | 5. 应急演练 | ①按照有关规定制定应急预案演练计划,并按计划组织开展应急预案演练 | 10★★★ | | |
| | | ②应急预案演练结束后,对应急预案演练效果进行评审,撰写应急预案演练评审报告,分析存在的问题,并对应急预案提出修订意见 | 5★ | | |
| 十五、事故报告调查处理(50分) | 1. 事故报告 | ①发生事故及时进行事故现场处置,按相关规定及时、准确、如实向有关部门报告,没有瞒报、谎报、迟报情况 | 10★★★ | | |
| | | ②跟踪事故发展情况,及时续报事故信息,建立事故档案和事故管理台账 | 5 | | |
| | 2. 事故处理 | ①接到事故报告后,迅速采取有效措施,组织抢救,防止事故扩大,减少人员伤亡和财产损失 | 10 | | |
| | | ②发生事故后,按规定成立事故调查组,积极配合各级人民政府组织的事故调查,随时接受事故调查组的询问,如实提供有关情况 | 5 | | |
| | | ③按时提交事故调查报告,分析事故原因,落实整改措施 | 5 | | |
| | | ④发生事故后,及时召开安全生产分析通报会,对事故当事人的聘用、培训、考评、上岗以及安全管理等情况进行责任倒查 | 5 | | |
| | | ⑤按“四不放过”原则严肃查处事故,严肃查处安全生产事故,严格追究责任领导和相关责任人。处理结果报有关部门备案 | 10★ | | |
| 十六、绩效考核与持续改进(35分) | 1. 绩效评定 | 每年至少一次对本单位安全生产标准化的实施情况进行评定,对安全生产工作目标、指标的完成情况进行综合考评 | 5 | | |
| | 2. 持续改进 | 提出进一步完善安全标准化的计划和措施,对安全生产目标、指标、管理制度、操作规程等进行修改完善 | 10 | | |
| | 3. 安全管理体系建设 | 根据企业生产经营实际,建立相应的安全管理体系,规范安全生产管理,形成长效机制 | 20★ | | |

责任编辑：尤晓暐　黎小东
封面设计：水晶方装帧设计

# 港口客运

## （滚装、渡船渡口）码头企业安全生产标准化建设指南

GANGKOU KEYUN
(GUNZHUANG DUCHUAN DUKOU) MATOU QIYE
ANQUAN SHENGCHAN BIAOZHUNHUA JIANSHE ZHINAN

ISBN 978-7-114-10258-5
9 787114 102585 >

网上购书/www.jtbook.com.cn
定价：42.00元